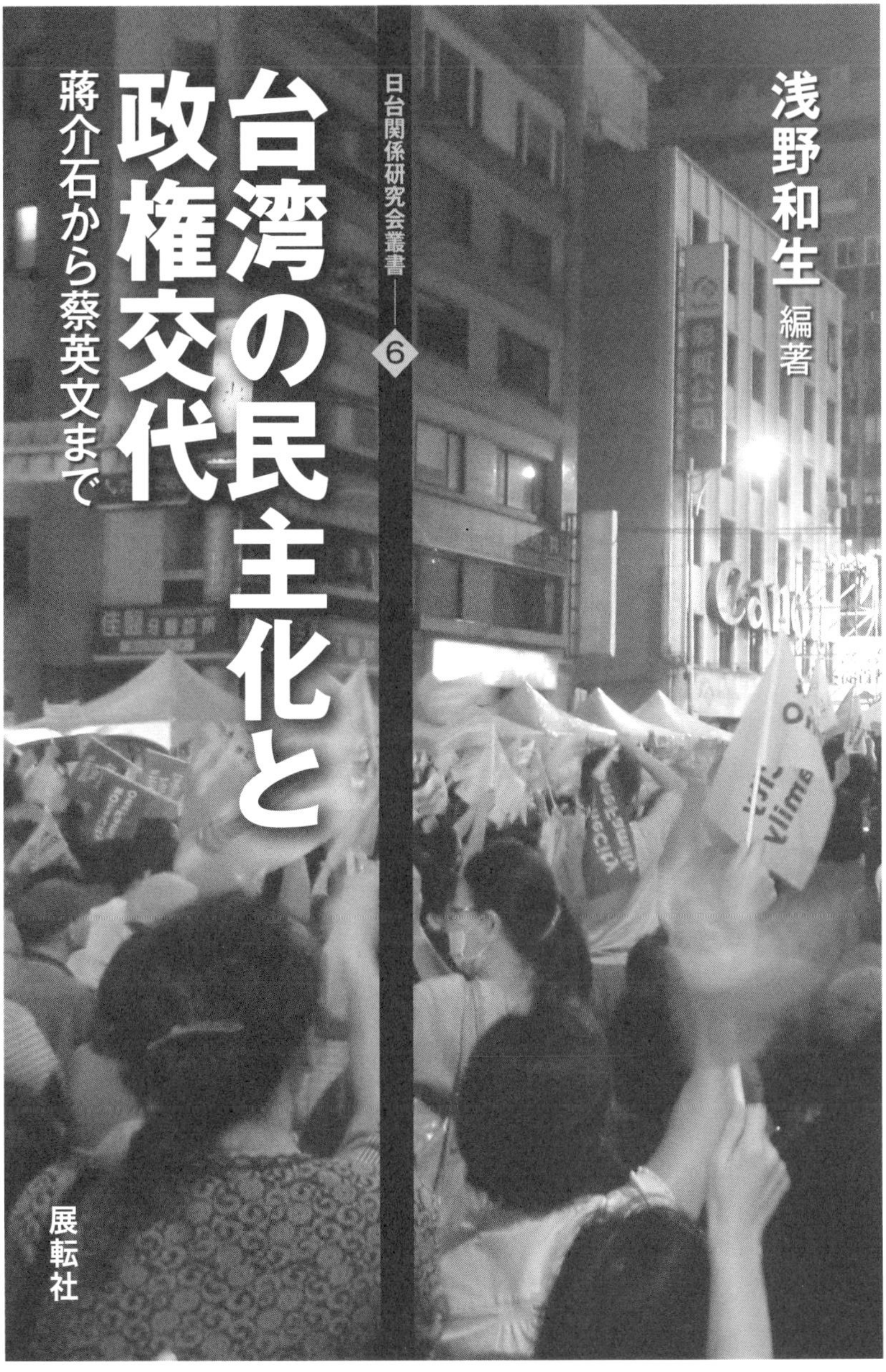

日台関係研究会叢書 6

台湾の民主化と政権交代

蒋介石から蔡英文まで

浅野和生 編著

展転社

序文

本書は、日台関係研究会叢書6として出版される。本会は、平成七（一九九五）年六月に創立され、爾来二十四年が経過した。叢書は、本会の活動の成果として世に問うものであり、平成二十六（二〇一四）年から、毎年出版している。今回も、浅野和生本会事務局長（平成国際大学教授）の企画・編集のもと、問題意識を同じくする本会関係者が執筆した。

現在、日本と台湾の間は、極めて良好な関係が維持されている。一九七一年以降、不幸にして日台間の国交は断たれたまま、半世紀近くが経過している。政治・軍事などの分野を除いて、経済・文化の交流は実に活発である。両国民の往来も盛んであり、両国間の実務関係は濃厚である。先年の東日本大震災の際に、台湾の人びとから物心両面の際立った支援をいただいたことは、日本人の記憶に鮮明である。

しかしながら、これほどの国と国との実質的な関係にも関わらず、正式な外交関係を欠く不正常な状態が続いている。それでも両国を繋ぐ糸は幾重にも撚り上げられ、その結びつきはますます太さを増し、強固なものとなっている。近年、両国の窓口機関である交流協会、亜東関係協会の名称が改められ、ともに「日本」「台湾」の名称が付けられた。これで、どことどこの交流組織であるかが明瞭となった。前進であり、両国関係の新たなページが開かれた。こうした日台関係の維持・発展は、日本と台湾、双方にとって誠に喜ばしい。

明年（二〇二〇）一月、台湾では、自由と民主主義の体制の下、総統選挙と立法院選挙が実施される。長きにわたる国民党による独裁的な支配が終焉し、民主化が制度として定められてから四半世紀、この間に民主制度を担保する各種レベルの選挙が実施されてきた。国のトップ・リーダーである総統は、三度、選挙による政権交代が行われた。日本人の感覚からするとあたかもお祭りのような政治熱のなか、選挙戦が展開され、住民自身による代表の選択、住民の意思を反映する政権選択が行われた。民主化が成熟すれば、選挙によって政権が交代し、指導者が代わるのは普通のことである。かかる観点から、本年の企画では、「台湾の民主化と政権交代」と題して、台湾の民主化の過程を振り返るとともに、四半世紀を経過した民主的な選挙と選挙制度の変遷、関連する中央と地方の制度の変革など、発展を続ける民主化の諸相を詳述する。併せて、二〇〇〇年以後の政権交代をめぐる台湾政治の変動を解明して、民主化を目指し、長い苦しい戦いを経てその成果を獲得していった台湾の住民の揺るぎない意思を紹介する。また、政府レベルの交流を欠く日本において、それを補完している与野党国会議員の活動にも言及する。以下に本書の構成を概観しておこう。

巻頭の論考（第一章）は、「台湾の民主化と政権交代——蔣介石から蔡英文への軌跡」（浅野和生）である。タイトルが示すように、本企画の中核である。最初に日本による台湾統治の時代を概観する。その後、第二次大戦後の国民党政府による一党支配と自由と民主主義が抑圧された時代や、戒厳令、動員戡乱時期臨時条款といった非常時法制の廃止を契機とする野党民主進歩党の進出などを詳述し、一九九六年、李登輝総統下で発展した民主化の実相を紹介する。民主的改革が進むなかで、台湾の中華民国は、上は総統から、台湾社会の基層をなす郷、鎮、里に至るまで、国民及び住民による直接選挙が実施され、民主主義国家としても制度が完成していく。論考は、総統直接民選が実施され、三度の政権交代、各種主要選挙の結果の意義などを説明し、長い民主化への戦いののち、少しずつ民主化の成果を勝ち取っていった台湾住民の姿を紹介するが、台湾にはなお未だ重大な問題が残ることも指摘する。それは民主主義体制を実現した台湾が、中国との関係において、将来あるべき国家像をどのように描くかという根源的な問題だ。台湾を考える際、常に忘れてはならない指摘である。

第二章は、「台湾における選挙の歴史——民主化と政権交代の経過」（松本一輝）である。ここでは李登輝による民主化政策以前の台湾の選挙制度と選挙の実態を概観したあと、その後の民主化の推進（「寧静革命」）、さらに台湾初の政権交代を経て民主的政治制度が定着していくなかで、政策と政党支持の競争において実施された各レベルの選挙の変遷を解説する。

第三章は、「中華民国の台湾化——「省」の廃止と六大都市の設置」（山形勝義）である。ここでは、台湾における「省」の設置から廃止に至るまでの経過と中央政府である行政院「直轄市」が設置された経緯を説明する。特に国家の支配領域と大幅に重なる行政区域を持つ台湾省の廃止は、中華民国が中国の一部の省ではないことを明確に示すものであった。

第四章は、「国交断絶後の日台関係と日本側議員連盟の系譜」（吉田龍太郎）である。一九七二年九月の日台断交後、正式な政府レベルの交流が失われた中で、これを補完するものが、国会の議員連盟（議連）である。ここでは、議連とその活動の歩みを紹介する。そこでわかることは、台湾の民主化が進展し政権交代が実現すると、カウンターパートとなる日本の与野党議員の活動も錯綜したことだ。日台関係の進展は、日本の国益に叶うだけに、議連に所属する多数の議員諸氏にはしっかりした立場で取り組んでいただきたいと思う。

本書の執筆者に共通するのは、日台関係がよき隣人関係でありたいと願う率直な気持ちである。これこそが日台関係研究会設立の強い思いでもある。台湾は、自由と民主主義の価値観を共有する隣国である。国交は断たれているものの、両国間の歴史、経済、文化の関係は大切な絆を構成している。四面環海の日本の安全保障にとって、地政学上も極めて重要なパートナーなのである。本会は、こうした関係を一貫して「運命共同体」と呼んできた。他の隣国との関係を顧みれば、良き隣人関係を築ける台湾との関係は格別のものだ。多くの方々に台湾を知っていただくことは、日本自身のためにもなる。

日台関係研究会は、今年で創立二十四年が経過した。本会は毎月の例会を欠かすことなく実施し、年次大会も開催してきた。叢書出版以前から、すでに本会関係者の執筆にかかる書物が刊行され、十五冊を数えている。もちろん、こうした活動は、多くの人びとのご支援なくしては継続できない。この機会に、改めて深く感謝を申し上げたい。

令和元年十二月

平成国際大学教授・日台関係研究会理事　酒井正文

目　次

台湾の民主化と政権交代

——蒋介石から蔡英文まで

第三章　中華民国の台湾化――「省」の廃止と六大都市の設置　山形勝義

カバーデザイン　古村奈々＋Zapping Studio

第一章

台湾の民主化と政権交代——蔣介石から蔡英文への軌跡

平成国際大学教授　浅野和生

台湾の民主主義が制度として整ったのは一九九六年のことであった。この年三月二十三日、国民党の李登輝総統の下で、台湾で初めての国民直接投票による総統選挙、つまり大統領選挙が実施された。これによって、上は総統から、立法院、市長と市議会、県長と県議会、さらに基層の自治体である郷、鎮の長などすべてが国民あるいは住民の直接投票によって選出されることとなった。

なお、総統は英語でPresidentであり、明らかに大統領のことである。台湾と日本では、ほぼ同じ漢字を使うため、台湾の用語で「総統」であるものを、日本語でもそのまま「総統」と表記している。しかし、これは間違いであって、日本語では「大統領」とすべきである。そうはいっても一般に日本では、李登輝大統領とは呼ばず、李登輝総統と呼んできた。馬英九総統、蔡英文総統でも同じことである。したがって、やむをえず台湾の大統領のことを本書でも「総統」と記す。しかし、その意味は「大統領」であることを、読者には意識しておいていただきたい。

また、「立法院」は中央政府の立法府としての議会であるから、日本の国会に相当する。「行政院」は内閣であり、「外交部長」「経済部長」は、外務大臣、経済大臣である。本書においては、用語が不統一になることがあるかもしれないが、ご理解、ご容赦をお願いする。

民主化を果たした台湾では、国民党一党支配体制でスタートした戦後台湾の中華民国政府が、二〇〇〇年にはじめて民進党へと政権交代を果たし、さらに二〇〇八年、二〇一六年と都合三回の政権交代を経験してきた。

最初の直接民選総統である国民党の李登輝は、蔣経国から総統職を引き継いでから十二年にわたって総統の任にあったが、一九九六年に民主的選挙によって選出されてからは、在任期間は四年であった。次いで二〇〇〇年の総統選挙で選出された民進党の陳水扁総統、さらに二〇〇八年に選出された国民党の馬英九総統は、それぞれ二期八年の任期を全うした。こうして、二〇一六年、そのバトンは民進党の蔡英文総統へと引き継がれた。

しかし、このような制度が整うまで、戦後の台湾が経てきた道筋は簡単なものではなく、むしろ苦難に満ちたものだった。また、民主化を達成してからも台湾政治の軌跡はそれほど単純なものではなく、この間に台湾の国内外の環境も大きく変わった。しかし、台湾の民主主義は、時とともにさらに成熟し、自由、民主、基本的人権の尊重、法の支配といった、民主主義国では普遍的な価値は、台湾の人々のなかにしっかりと根付いてきた。

そこで本章は、最初に、台湾が経てきた、民主化の道程を振り返り、その上で、二〇〇〇年以後の政権交代をめぐる台湾政治の変動について紹介していきたい。

日本による台湾統治のはじまり

日本にとって近代最初の対外戦争は日清戦争であった。日清戦争は日本勝利のうちに終結し、一八九五年四月十七日、下関講和条約が結ばれた。同条約によって台湾は清国から日本へと割譲された。

実は、下関条約では台湾とともに中国大陸北東部の遼東半島も割譲されたが、これに対してロシア、ドイツ、フランスの三国から放棄を迫る圧力が加えられた。いわゆる「三国干渉」である。戦争終結直後で国力のない日本は、これに対抗することはできず、遼東半島は清国に返還されることになった。こうして、台湾だけが日本史上初の海外領土となり、第二次世界大戦における日本の敗戦でその主権を手放すまで、五十年余にわたって台湾は日本の統治下におかれることになった。

この五十年間の台湾は、欧米各国の植民地支配とは異なり、真に日本の領土として扱われ、台湾の人々は「日本人」にされようとしていた。

例えば大英帝国の植民地であった香港の場合、一八四二年の南京条約でまず香港島だけがイギリスに割譲され、その後に九龍半島先端部分も割譲され、さらに一八九八年には周囲の島嶼が九十九年間の期限付きで租借地となった。つまり、香港の場合は、イギリスの領土に組込まれ、百五十年余りにわたってイギリスの一部であり、租借地の新界でも九十九年間、つまり日本による台湾統治の二倍の長期にわたってイギリスが統治していたが、イギリスは香港の人々を積極的に「イギリス人」にしようとはしなかった。

香港の人々は、英語教育を受けるわけではなく、漢人の氏名をアルファベットのイギリス風の名前にするわけでもなく、さらにはイギリスでは十四世紀にすでに認められていた参政権が香港の人々に認められることもなかった。

鉄の女と言われたサッチャー首相の下、一九八四年九月に香港の中国への返還が決定したが、香港の立法評議会の一部に、住民による間接選挙の代表が加えられたのは、その翌年の一九八五年であった。さらに、直接選挙枠が設けられたのは一九九一年であって、イギリス統治が終幕を迎える一九九七年のわずか六年前のことだ。

つまり、世界史上、民主主義の母国と称されるイギリスは、百四十年余りにわたって香港では民主化を進めなかった。そして香港が中国共産党支配下に返還されることが決まってから、イギリス統治の置き土産として、また返還後の香港にイギリスが一定の影響力を残す方法の一つとして、ようやく民主化に手が付けられたのである。

この香港のように、植民地宗主国の意向の下に統治され、現地住民は被支配者の境遇にとどめられ、現地の人々の意思が尊重されないのが欧米流の植民地なのである。

これに対して、日本の台湾統治は、当初の一八九五（明治二十八）年は軍政のかたちで始まったが、満一年を待たずに民政への移行を始め、統治も後半となった一九二二（大正十一）年からは、「内地延長主義」の名の下に、基本的には台湾を日本の一地方として、台湾の人々を日本人として扱うようになった。

ところで、日本統治二年目の一八九六（明治二十九）年二月、帝国議会では、台湾に大日本帝国憲法が適用されるかどうかが論戦の的となった。実際問題として、台湾で憲法が定める学校教育を日本内地と同じに実施したり、兵役の義務を課したり、国民としての権利をそのまま適用することは不可能であった。そもそも、日本内地の諸制度を実施するための機関や施設、要員も台湾にはなかった。第

一、台湾の人々は日本語ができなかった。だから、台湾は大日本帝国憲法の枠外にあるとの主張がなされたことは、不思議ではない。

ところが、大日本帝国憲法には「第一条　大日本帝国ハ万世一系ノ天皇之ヲ統治ス」「第三条　天皇ハ神聖ニシテ侵スヘカラス」「第四条　天皇ハ国ノ元首ニシテ統治権ヲ総攬シ此ノ憲法ノ条規ニ依リ之ヲ行フ」とある。すると、神聖なる天皇が統治する大日本帝国において、天皇が国家元首であり統治権を総覧すると憲法に定めているのに、日本の領土である台湾にこの憲法が適用されないなどということはあってはならない、言い換えれば、天皇の統治権総覧の外にある地域などありえないという見解が採用されることになった。しかし、台湾を日本の内地と同じ法令で統治するわけにいかないことも現実である。そこで、台湾の特殊事情から、当分の間は移行期として、憲法その他法令が台湾にそのまま適用されないこととし、将来は例外措置を終えることを前提に、台湾にも大日本帝国憲法が適用されるということで帝国議会での議論は落着した。

台湾の統治において、日本政府が当初から重視していたのは、日本語の普及であり、これは小学校教育を通して台湾全土で徹底して進められた。それまで清朝政府が、台湾を領有してから百五十年以上を経ていたが、いわゆる原住民の人々は「化外の民」として行政的統治の外に置いていた。しかし、日本の統治では、いわゆる原住民の人たちも例外とはせず、険しい山間部にも教師を派遣して、日本語教育を行い、読み書きそろばんと、農業や裁縫など、生活、職業技術の普及のための授業を行った。

台湾における民主主義の初体験

大正中期になると、第一次世界大戦以後の世界的な民族主義の高揚に伴い、また、一九一九（大正八）年の中国での五四運動の影響もあって、台湾でも民族主義の思潮が高まり、台湾議会設置運動が起きた。これに対して日本政府は、帝国議会とは別に台湾議会を設置することは認めなかったが、昭和に入ると台湾でも地方自治を段階的に進めることとした。

こうして、昭和十年に市議会、街庄協議会の議員選挙が実施された。これらは、納税資格要件つきの制限選挙であり、議会定数の半数のみが直接民選で、残り半数は官選であった。しかし、台湾人の選挙権、被選挙権が日本人と平等に認められ、自由な選挙が行われた。台湾総督府は、台湾住民の選挙への参加を促進する方策をとり、評語を募集し、ポスターを掲示するなどした結果、投票率は八〇％ほどに達した。また、選挙の結果として、日本人とともに多くの台湾人が議員に選出された。四年後には、法規通りに第二回の市議会、街庄協議会議員選挙が実施され、前回にも増して多くの台湾人が投票に参加し、議員に当選した。本来であれば、昭和十八年に第三回の選挙が実施されるはずであったが、日米開戦と戦争の激化によってこの選挙は実施されずに終わった。

一方、昭和十八年には、衆議院選挙法が朝鮮半島とならんで台湾にも適用されることが決定され、さらに昭和二十年四月一日付の官報号外は、天皇の名をもって朝鮮及び台湾にも選挙区が設定され、議員を選出させることになったことを伝えた。台湾には一人区五区、つまり五議席が設定された。

しかし実際には、八月十五日にポツダム宣言を受諾して終戦の詔勅が発せられ、台湾が日本の統治下を離れたため、衆議院選挙が台湾で行われることはなかった。

また、昭和十八年を過ぎると、台湾の人々が志願兵として帝国軍人に加わるようにもなり、昭和二十年には徴兵制も施行されていた。つまり、大日本帝国憲法の定める権利と義務を、台湾の人々が日本人とともに共有する制度が昭和二十年にはほぼ整った。この段階の台湾の人々は、欧米流の植民地の住民ではなく、まぎれもなく大日本帝国の一員であり、日本人そのものになろうとしていた。それが台湾の人々にとって好ましい事であったかどうかは別問題であるが、台湾は日本の植民地ではなかった。

言い換えれば、台湾が日本の内地とほぼ変わらない日本の一地方となったところで、日本が連合国に敗戦したことにより、台湾は日本の統治から離脱することになったのである。

そしてそれまでに台湾の人々は、地方選挙を通して、議員の候補者となり、選挙運動を展開し、投票に参加すること、あるいは当選して議員となり、議員活動を経験していたのである。つまり、大陸中国の人々が経験しなかった民主主義を、台湾の人々は経験していたのである。

第二次世界大戦直後の台湾

一九四五年九月二日、東京湾の横須賀沖に停泊していたアメリカの戦艦ミズーリ号艦上で、大日本帝国政府を代表して重光葵外務大臣が、また帝国陸海軍を代表して梅津美治郎参謀総長が降伏文書に署名した。そののち連合国が発した一般命令第一号によって、台湾は、中華民国国民政府の蔣介石の軍隊が接収に当たることとなった。

こうして、台湾は中華民国の支配下に置かれることになった。このことについて、台湾の人々の多くは、異民族であった日本人が出て行って、代わりに漢民族の国になるのだから、故国のふところに帰るように思い、おおむね歓迎の気持であった。

ところが、台湾にやってきた国民政府は、あたかも「征服者」のような態度をとった。国民政府は、行政、立法、司法、軍事の大権を併せ持つ「台湾行政長官公署」という機関を設置したが、その様子は、中華民国政府が派遣した、植民地支配体制であった。このため、台湾の知識人たちは行政長官公署を「新総督府」と称し、台湾行政長官兼台湾警備総司令官の陳儀を「新総督」と称した。

遡れば、一九四三年十一月二十二日から、エジプトのカイロでアメリカのルーズベルト大統領、イギリスのチャーチル首相と、中華民国の蔣介石国民政府主席による会談が行われ、十二月一日にカイロ宣言が発表された。このなかで「台湾及澎湖島ノ如キ日本国カ清国人ヨリ盗取シタル一切ノ地域ヲ中華民国ニ返還スル」ことが、同盟の目的とされた。これによって、連合国では、戦後の台湾を中華民国が統治することが既定の方針となったが、ポツダム宣言第八項は「カイロ宣言の条項は履行さるべきものとし、日本の主権は本州、北海道、九州、四国及びわれわれの決定する周辺小諸島に限定するものとする」と、このことを確認している。

この方針に沿って、国民政府は、一九四四年四月に中央設計局の下に「台湾調査委員会」を設けて、戦後の台湾接収の準備を始めた。この委員会の主任が、後に台湾行政長官公署の長官となった陳儀である。陳儀は、日本留学経験をもつ知日派であり、蔣介石の親しい友人でもあった。この委員会は、台湾の現状を調査するとともに、台湾統治の基本方針として「台湾接管計画綱要」を作成し、さらに台湾統治にあたる人材の調達と育成を担当した。

同委員会は、日本統治下の台湾の法令や資料を収集して翻訳・出版したが、それらは約百冊、計百万字を超えたという（何義麟著『台湾現代史』四七〜四九頁頁）。

また、重慶に「中央訓練団台湾行政幹部訓練班」を設けて、四四年十二月から翌年四月までの四か月間、百二十人を訓練した。このほか、四四年十月には「台湾警察講習班」が中央警察学校に召集されるなど、基層の警察幹部の訓練を実施して、実際に台湾接収が始まるまでに、九百三十二名が警察幹部としての教育訓練を終えていた。

このように、蔣介石の国民政府は、事前に台湾接収の準備を進めていたのである。

しかし、陳儀とともに台湾にやってきた国民政府軍の兵士たちには近代的な教育を受けた者が少なく、五十年間の日本統治で学校教育が普及し、読み書きそろばんが当たり前になっていた台湾の庶民より水準が低かった。その行軍をする姿は、服装が乱れ裸足で、背中には鍋釜を背負っているなど、日本軍人にはない規律のなさとみすぼらしさであった。歓迎ムードだった台湾の人々は、これが「祖国」の軍人の姿なのか、と失望せざるをえなかった。

当時の中国本土と台湾の近代化レベルを示す事例を上げれば以下のとおりである。

一九三六年時点で、台湾の人口は中国の一・二％であったが、発電量は一三％に達しており、一九四五年の台湾人一人当たりの電力量は、中国の五十倍であった。農業生産量と工業生産量の比率は、一九三二年の台湾で六対四、三七年には五対五であったが、三二年の中国では九・三対〇・七だった。つまり、台湾ではすでに工業化が進んでいたが、中国は全くの農業社会だった。また、学齢期の児童の就学率は、台湾では四一年に六一・六％であったが、中国では四四％であり、四五年ではそれぞれ八〇％と六一％だった。

要するに、より進んだ文化を経験し、教育水準も高かった台湾の人々を、より遅れた文化水準の中国人が、「上から目線」で高圧的に支配しようとしたのだから、ほどなく台湾の人々が反発し、さまざまな摩擦が生じるのは当然であった。

しかも、五十年の日本統治を経た台湾の人々は、日常的に日本語を用いていたし、日本文化が浸透してもいた。そして台湾の人々は、日本の一部として、第二次世界大戦において敗戦した人々であった。これに対して中国から接収に来た人々は、八年間の抗日戦争を戦いぬいて日本に勝った戦勝国の人々であった。だから台湾に漂う濃厚な日本の気配に、中国から来た官僚・軍人は敵であった「日本鬼子」の影を見出して不快に思ったことだろう。

その結果、例えば一九四六年末には、台北の南西部にある新竹市政府は、市民に対して日本式の下駄の使用を厳禁し、そもそも下駄の生産をしないように工場に係官を派遣して警告を与えている。

また、それまで日本語で行われていた学校教育現場では、日本語が廃止され、さらには台湾の人々の日常生活用語であった台湾語（閩南語、福佬語ともいう）も禁止されて、大陸の中国語、いわゆる「北京官話」が強制された。したがって、日本時代に学校の先生であった人々の中には教壇に立てない人が多かったが、陳儀の軍とともにやってきた経歴も定かではない人々が「先生」になった。

遡ってみれば、日本統治下五十年の学校の先生たちは、台湾の人々に日本語を強要したものの、親身になって教育にあたる人が多かった。それゆえ「師」として尊敬される存在であり、師弟関係は卒業後ばかりか終戦後も変わらず、海を越えて日台の子弟交流が続いたほどである。

ところが、中国から来た「先生」は、授業に遅刻したり、理由もなく休講にしたり早退したりした。さらに、進学を希望する生徒は、内申書をよく書いてほしければ「先生」に贈り物をしなければならないなど、教育現場に賄賂が横行するありさまだった。こんなことは、日本の先生たちにはありえないことだ。

このように事あるごとに賄賂をとり、公共の場所で秩序を守らず、公徳心がない中国人の姿、習慣を見て、台湾の人々は、日本統治時代を思い出して、日本人は小うるさく、傲慢なところがあったものの、中国人よりはましだったのではないかと「犬が去ったら、豚が来た（狗去豬來）」と陰口をたたいた。

台湾人差別の制度化と台湾の搾取

台湾行政長官公署は、当初から台湾の人々にも官僚になる門戸を開いたが、台湾の人々を中、上級の職位からは排除した。つまり重要な職位は、中国からやってきた、本籍が台湾省ではない外省籍の人が独占する状態が長く続くことになった。台湾では、外省籍の人を外省人、戦前から台湾に居住して本籍が台湾省の人々を本省人と呼ぶが、外省人と本省人の間の軋轢は、その後五十余年間にわたって台湾社会の各方面に濃い影を落とすことになる。

具体的には、陳儀が長官であったころ、行政長官公署の幹部職員二十一人のうち、台湾人は教育処副処長の宋斐如ただ一人であった。それに次ぐ三百十六人の幹部職員では、台湾籍は十七人だけ、十七あった県市の首長のうち台湾籍は三人だけだった。

また、官僚の登用において、日本統治時代にはなかった縁故採用があからさまに行われた。台中地方法院（地方裁判所）では、五十人の職員のうちほぼ半数が院長（裁判所長）の親戚であり、農林処の検査局では、葉という局長が、三十年の経験をもつ上級技官で台湾籍の范錦堂を失職させ、その後任に自分の第二夫人を採用した。高雄のある学校では、劉という校長が就任すると、字も読めない人物が教員に採用されたが、この人は校長の妻の父親だった。

さらに、同じ職場の同じ職位で同じ仕事をしても、外省人の公務員の給与は本省人の二倍であった。これは、「辺境地区」の「増俸」という扱いによるものだ。

国民政府が台湾を植民地的に支配したことの例は、台湾の砂糖や米を接収して大陸中国に移送したことである。例えば、行政長官公署の資源委員会は、台湾製糖会社を接収すると、十五万トンの白砂糖を無償で上海に輸出させ、その売り上げを貿易局上海事務所の名義で、陳儀長官と孔、宋、蔣、陳の四大家族で分け合った。この結果、世界的な砂糖の輸出地域だった台湾で砂糖が欠乏し、価格が暴騰した。

また、台湾にあった日本人および日本政府の資産は、国民党関係者によって計画的に略奪された。日本人所有の二百三十七の公私の企業、六百余りの事業所が、行政長官公署が設けた二十七の会社の経営下に組み込まれた。つまり、かなりの部分が、国民党あるいはその関係者の私的資産となった。

二二八事件の勃発

こうして一九四七年二月までには、終戦直後に台湾の人々が抱いていた「祖国」中国による台湾統治への期待感は、失望、さらには絶望へと転化していた。きっかけさえあれば一気に爆発するだけの不満が、揮発性のガスのごとく、台湾全土に充満していた。

一九四七年二月二十七日の午後、台北市街地の路上でやみ煙草を販売する一人の女性がいた。このころ四十歳で二人の子供をもつ寡婦、林江邁である。そこへ、台湾専売局台北支局の密売取締員六名および警官四名が来て、摘発されてしまった。そのとき、この女性は生活のために売っているのだ、と言って土下座をして許しを乞うた。しかし、取締官は女性を銃剣の柄で殴打し、商品および所持金を没収した。この騒ぎを知った周囲の台湾人たちが、女性に同情して現場を取り巻くと、取締官が民衆に発砲して、その場にいた全く無関係の台湾人、陳文渓が流れ弾に当たって死亡した。すると、取締官らは逃げ去った。

このため、翌日、二月二十八日には、多くの台北市民が抗議のために専売局および長官公署前に押し掛けた。すると、長官公署の屋上から、突然、機関銃掃射が行われ、多くの市民が死傷することになった。激高した台湾の人々は、街頭で外省人を殴打するなど、暴動の様相を呈した。

集まった市民の中の一部が、近くの台北ラジオ局を占拠して、台湾全土に向けて決起行動を呼びかけた。これにより、台湾の人々による国民政府支配への抗議、反抗は台湾全土に広がることになった。

こうして、全島各地で武装した市民が警察や憲兵と衝突する事態となったが、他方、各地の市民代表や地方名望家が、「二二八事件処理委員会」を組織して、行政長官公署と交渉し、政治改革の話し合いを進めようとした。これに対して陳儀も、話し合いに応じる姿勢を見せた。しかし、陳儀は、その裏で蔣介石に対して、反攻する市民鎮圧のため、増援軍の派遣要請を打電していた。

増援軍が到着すると、陳儀は話し合いによる解決をただちに放棄し、三月八日夜から、国民政府軍は武力鎮圧を開始した。北部の港町、基隆の場合、国民政府が派遣した軍艦は、兵士の上陸を前に、沿岸に向けて艦砲射撃を行い、機関銃で市民を掃射した。あたかも、敵前上陸作戦である。事件の首謀者とされる人々を恣意的に指名手配して、逮捕に及んだほか、蜂起した台湾人が司法手続きによらずに殺害された。この日から、約一週間にわたって武力掃討が台湾各地で繰り広げられた。

台南では、苦学して日本で弁護士資格を取得し、台湾に戻って台南市で弁護士事務所を開いていた湯徳章が、台南市の人民自由保証委員として、台南の学生たちが国民政府軍によって殺害される事態を防いだが、この結果、湯徳章は国民党軍に逮捕され、市中引き回しの上「大正公園（民生緑園）」で処刑された。

二二八事件では、これ以後の国民政府による台湾統治をやりやすくするため、台湾の人々のリーダーになりそうな医師、弁護士、参議会議員、ジャーナリスト、その他のエリート層が狙い撃ちされた。これらの人々の一部は突如「失踪」して、今も行方不明のままである。秘密裏に処刑されたと見られる。この事件、犠牲者は合計二万人を超える。

直接の被害者とその関係者は多数にのぼるが、この事件については、その後長い間マスメディアが扱うことはタブーとされ、事件は長らく封印された。もしメディアが取り扱う場合には、事件は「共産党反乱分子による陰謀」と虚偽の説明が行われた。タブーが解けて、公の場で二二八事件が言及されるようになるのは、一九八六年から一九八七年のころからである。そして、中華民国政府を代表して、李登輝総統が事件の被害者に謝罪したのは、国家による記念碑の竣工に合わせた一九九五年二月二十八日のことであった。

また、台南では一九九八年二月二十七日、民進党の張燦鍙市長が、湯徳章の勇気ある行動を称えて「民生緑園」を「湯徳章紀念公園」に改称させた。さらに、二〇一四年には台南市長であった頼清徳（民進党、後の行政院長＝首相）によって、その命日である三月十三日が台南市の「正義と勇気の紀念日」に制定された（門田隆将『汝、ふたつの故国に殉ず』KADOKAWA　二〇一六年十二月刊、参照）。

国民政府の台湾移転

日本のポツダム宣言受諾で抗日戦争に勝利した中華民国では、一九四五年九月以後、蔣介石の国民党と毛沢東の共産党の闘い、すなわち国共内戦に突入していく。

その一方で、四六年一月一日から中国初の憲法制定が始まった。同年十一月十五日に南京で憲法制定の国民大会が招集されると、四十一日間に十四回の会合を開いて審議し、十二月二十五日に国民大会は「中華民国憲法」を全会一致で採択した。しかし、この会議に参加したのは、国民党、青年党、民社党および無党派の千三百八十一人であり、共産党は会議をボイコットした。同憲法は、翌年一月一日に公布されると、周知期間を経て四七年十二月二十五日に施行された。

この憲法の規定により、憲法の制定と修正、総統の選出を担う国民大会を構成するための国民大会代表の選挙、立法を担う立法委員其の他の民意代表の選出が、台湾を含む中国全土で進められた。

しかしながら、共産党の支配地域ではその選挙は実施されず、このため憲法の規定する定数通りに各種代表、委員を選出することはできなかった。定数三千四十五人の国民大会代表は、実際には二千九百六十一人、定数七百七十三人の立法委員は七百六十人が選出された。中華民国憲法は、孫文の三民主義を基礎とし、五権分立の体制をとるため、このほかに監察委員二百二十三人が民意代表として選出された。当選した初代の国民大会代表たちは、四八年三月二十九日に南京での「国民大会」に召集された。この国民大会は四月十九日に、総統に蔣介石、副総統に李宋仁を選出して五月一日に閉幕した。

こうして、四八年五月二十日に中華民国憲法制定以後初の総統として、蔣介石が就任して、新たな中華民国憲法体制がスタートした。これ以来、今日の台湾においても、総統の就任式は五月二十日に行われている。

しかし、憲法に基づく中華民国の新たなスタートは、残念ながら順調には行かなかった。憲法発布を半年後に控えた四七年七月十八日、国民政府は国務会議で「動員戡乱完成憲政実施要綱」を決定、公布した。つまり、憲法が施行され前に、「動員戡乱時期」、つまり内戦のため反乱団体を鎮圧するための非常時であることが規定された。そして憲法体制が整って間もない四八年十一月から翌年一月まで、徐州、蚌埠では国民政府軍七十万人、中国共産党の人民解放軍六十万人による六十六日間にわたる激戦が繰り広げられた。この結果、共産党軍が勝利をおさめ、敗北を喫した国民政府軍はこれ以後一挙に劣勢となって、実効支配領域が縮小していく。

国共間での平和を模索する動きのなか、共産党側が「蔣介石が下野しなければ、和平交渉は行わない」と宣言すると、国民政府側から呼応する勢力が現れたため、一九四九年一月二十一日、蔣介石は総統の任を辞し、下野することになり、副総統であった李宗仁が総統を代行することとなった。

その後、四月一日からは北京で国共両者間の和平交渉が始まった。共産党側は、毛沢東の、戦犯の処罰、憲法の廃止、官僚資本の没収、土地制度の改革などを含む「平和八条件」を堅持したが、国民党側はこれを拒否した。このため、交渉は決裂し、四月二十日から共産党軍は再び総攻撃を開始、揚子江を渡って南下した。

この間、すでに国民政府は、首都あるいは中心拠点を移転しつつあった。四月二十四日には、政府軍は南京の守備を放棄、広東省の広州に中央行政機構を移した。しかし、さらに戦局悪化に伴い、沿岸部の広州から内陸部・四川省の重慶へと移転した。

他方、総統を辞した蔣介石は、国民政府の最終的な拠点を台湾とすることを決定しており、四九年五月以後、台湾の拠点化を準備し始めた。中央行政機構の一部を台北へ移転したばかりでなく、陸海軍の一部を台湾に移し始める。特に、上海その他の沿岸部で敗戦した海軍兵力は台湾に収容された。

そうした中、一九四九年十月一日、いまだ中国各地で人民解放軍の戦闘は継続していたが、北京で、毛沢東が中華人民共和国の建国を宣言した。

そのころ、台湾の対岸、厦門（アモイ）が国共内戦のクライマックスの舞台になろうとしていた。人民解放軍は、一九四九年十月に厦門の完全制圧をめざしたのである。当初、国民政府軍側も厦門を決戦場とみたてて、その死守を目指したが、最終段階で、国民政府軍側は、厦門に替えてその目と鼻の先の金門島を決戦の舞台に選んだ。この作戦変更の裏には、日本軍人であった根本博元中将の進言があった。

実際、根本の想定通りに共産党軍は、十月二十四日深夜、動員可能なすべての漁船やジャンク船に分乗して約八千人が海峡をわたり、金門島に上陸した。これに対して、国民政府軍側は、上陸そのものを阻止するのではなく、上陸後の共産党軍の南下、東進を食い止める作戦をとった。

人民解放軍としては、金門島の闘いを挑むために三キロから十キロの狭い海を船で渡らなければならなかった。しかし、ほとんど海軍力をもたなかったため、漁船等を徴発して渡海したが、その輸送力は限られており、一度に上陸できる兵員数に限りがあった。また、重火器や戦車を運ぶことはできなかった。このため、迎撃の準備を整えた国民政府軍が、激戦のなかで人民解放軍の進撃を食い止めるとともに、人民解放軍が上陸に用いた艦船をすべて破壊した。これにより、人民解放軍は、増援部隊を金門島に運ぶことができなくなり、また退却することもできなくなり、上陸した人民解放軍の第一陣は、孤立無援の戦いを強いられることになった。

国民政府軍側には約四万の兵力があり、後に「金門之熊」の名で知られることになる戦車もあったので、三日間に及ぶ激戦の末、人民解放軍は事実上全滅した。

国府軍側の発表によると、この戦役において人民解放軍は軍人八千七百三十六人、民夫（船頭）三百五十人、計九千八十六人の兵力を失っており、そのうちおよそ三千人余りが捕虜となったが、残りの五千人余りは戦死した（楊合義「台湾時代の中華民国」、『辛亥革命一〇〇年と日本』所収　一六八頁）。

その後、国民政府軍と人民解放軍の間の大規模な戦闘は、中国南部の海南島をめぐって行われた。一九五〇年三月五日、葉剣英が指揮する人民解放軍第四野戦軍第十五兵団が、海南島への上陸作戦を開始した。五月一日まで、二か月に近い激戦の結果、国民政府軍は三万人の兵力を失って、人民解放軍が圧勝した。蔣介石は、残る兵力六万四千人のすべてを台湾に撤退させたほか、五月十三日には上海近くの舟山群島からも十二万人の軍隊を台湾に撤収させた。事実上、これをもって中華民国は台湾、澎湖島、金門島、馬祖島の防衛に徹することとなったのである。

すると六月二十五日、北朝鮮軍が韓国に向けて奇襲攻撃をしかけ、朝鮮戦争が勃発、これに対して国連安保理の決議によって国連軍が韓国側にたって参戦することとなった。その中心を担ったのは、日本の占領統治にあたっていたマッカーサーのアメリカ軍である。一方、誕生したばかりの中華人民共和国は北朝鮮を支援することとし、義勇軍を朝鮮半島に派遣した。この機に乗じて人民解放軍が台湾への渡海作戦を実施するのではないかと危惧したアメリカは、台湾海峡に第七艦隊を派遣するとともに、海峡の中立化を宣言した（六月二十七日）。その後、アメリカ軍は軍事顧問団を台湾に派遣したが、これ以後、台湾海峡を隔てて中国共産党の中華人民共和国と国民党の中華民国とが並立することが事実上、固定化された。

蔣介石の総統復帰と「白色テロ」の時代

さて、一九四九年十二月七日に台湾に移転した当時の中華民国は、総統の李宗仁がアメリカにあって療養を続けており、大陸失陥という非常事態にも関わらず、国家元首が国内にいないというありさまだった。状況を打開しようにも、李宗仁には帰国の意志がなく、蔣介石の復帰を求めたが、任期中に総統を辞職した者が復職するという根拠および手続き規定がなく、容易に実現しなかった。そこで、一九五〇年二月二十三日になって、台北で開かれた国民党中央常務委員会が、蔣介石の総統復職を要請する決議を行い、さらにその翌日に立法委員の三八三名が連名で総統復職を要請した。これを受けた形で、三月一日、蔣介石は台北で総統に復職した。

三月二日に、総統としての蔣介石が発した方針は以下の通りである。①軍事的には、台湾を基地として固め、その上で大陸回復を図る、②国際的には、まずは自力更生の民主国家となり、反共の連合を形成する、③経済的には節約を旨とし、生産を奨励し、民生主義を進める、④政治的には民権を保障し、法治を励行する。ここから、蔣介石の国民政府としては、「大陸反攻、復興中華」すなわち、大陸を攻め落として、再び大陸を中華民国の支配下に収めるための台湾での戦いが始まったのである。

蔣介石としては、一九四六年十月二十五日、台湾の「光復」一周年を前にして台湾を訪問した際に、その日記に「台湾さえあれば、共産党は私をどうすることもできない（只要有了台湾，共産党就無奈我何）」と書き記していた。つまり、国共内戦で不利になっても台湾に逃げ込めば生き延びることができる、と蔣介石が早くから考えていたことがうかがえる。

ところで、一九四九年一月五日に台湾省主席に就任した蔣介石の側近であった陳誠は、台湾省警備総司令を兼ねていたが、蔣介石が総統に復帰してから三か月が経とうとする五月二十九日に「台湾省戒厳令」を布告した。

周知のとおり、共産主義のシンボルカラーは赤であり、中国、北朝鮮、あるいは旧ソ連その他の国旗、さらには日本共産党を含む各国共産党の党旗の背景の色として多用されている。そこで共産主義者による共産主義実現を目指した暴力行為や、共産主義圏において反政府活動をする人々を暴力的に排除することは「赤色テロ」と呼ばれる。これに対して、反共主義の国家が、共産主義者あるいはその疑いのある人々に弾圧を加え、暴力的に圧迫を加えることを、台湾では「白色テロ（白色恐怖）」と呼んだ。政府による「白色テロ」執行の根拠となったのが、一九五〇年六月十三日に制定された「動員戡乱時期検粛匪諜条例」である。中国共産党が台湾に送り込んだ共産党のスパイのことを「匪諜」、共産党の指導下でゲリラ活動をする人のことを、国民政府では「共匪」と呼んだ。その「匪諜」や「共匪」は無論のこと、特に共産党や中華人民共和国と関係が無くても、国民政府を批判したり、一党支配に反対して民主化を求めたり、台湾独立を主張する者は、「匪諜」「通諜（中国共産党に通じている）」「知匪不報（共産党員を知っていながら通報しなかった）」などの罪状を付して逮捕、投獄され、あるいは離島である緑島に島流しにされた。

このほか、社会的混乱を治めることが最優先という「治乱世用重典」の原則を基本精神として「懲治反乱条例」を制定した。この法を根拠として、反乱を企む「犯人」という名目で、国民政府に異議を持つ人物を弾圧することができた。その処罰は非常に厳格で、「犯人」の全財産を没収できることになっていた。

さらに、戒厳令と動員戡乱時期臨時条款の体制では、特務機関が積極的に活動し、蒋介石は息子の蒋経国をトップに据えて、共産党関係者および政治的異分子を粛正するために国民党、政府、軍にまたがる治安系統組織を築かせた。一九四九年に設置された政治行動委員会がこれにあたるが、その後、総統府機要室資料組と合わせて改組し、警備総部、調査局、情報局という情報機関を国家安全局が統括することになった。

これらの機関によって、政府との政治的見解の違い、あるいは当局にとって不都合なことを述べた、政府批判の文を発表したというだけで犯罪者とされ、時には生命を奪われることになった。

一九四九年の「四六事件」から一九六〇年九月四日の雷震事件まで十年間で、台湾では百件の政治事件があり、二千人以上が銃殺され、八千人余りが重刑に処せられ、受難者は数万人にのぼったとされる。

中華民国と日本の講和条約

連合国の占領下におかれた日本は、外交権を封じられ、軍隊を解体せしめられたが、やがて連合国では、日本との講和条約を締結すること、日本の独立の回復が模索されることになった。しかしながら、米ソ冷戦の始まりと、中華人民共和国の建国宣言によって、事態は容易に進展しなくなる。すなわち、連合国の主要国間で、自由・民主主義圏の一員として日本を迎え入れようとするアメリカ等の諸国と、中華人民共和国との講和を含むいわゆる「全面講和」を目指すソビエト連邦の思惑が交錯することになった。

アメリカは一九五〇年十月二十四日に「対日講和七原則」を発表したが、その第一原則として、対日講和の当事国を「日本との交戦国で講和の意志を有する国」とし、全当事国が参加しなくても講和を進める意思を示した。また、第三原則で、台湾、澎湖諸島の地位に関しては、将来において米・英・中・ソが決定することとし、この講和に含めない方針だった。

ところが、実際の講和会議の開催にあたり、中国の代表として蔣介石の中華民国を招くか、毛沢東の中華人民共和国を招くかについて、米ソの対立のみならず英米が対立する状況となった。すなわち、アメリカは台湾の中華民国を招くことに決めていたが、一九五一年四月、イギリスは、中華人民共和国を中国の代表として講和会議に招くという意向を表明した。

アメリカとしては、ソ連とは対立しても、イギリスとは協調して講和を進めたかった。こうして英米間での話し合いが行われた結果、講和会議には中華民国を除く国々が参加して、日本との講和条約を結び、中国については、これとは別に日本が自主的な選択としていずれかを選ぶようにさせることとした。

無論、この時点で対日占領を継続していたのはアメリカであり、日本の「自主的」な選択に対して、アメリカは、強い影響力を行使して、台湾の中華民国との講和に誘導するつもりであった。

実は、日本による戦争で、アジアにおける最大の被害者は、一九三七年七月に日中戦争が開始された中華民国であり、一九四一年十二月に始まった大東亜戦争の二倍の八年余りという長期にわたって戦闘が継続した。その中華民国を除外して講和会議を開催するというのは不合理である。しかし、戦後の冷戦構造の下では、これもやむを得ない選択であった。

こうして、米英の合意の線にそって、一九五一年九月四日からサンフランシスコで講和会議が開催された。出席国は、対日参戦五十五カ国のうち、中華民国、インド、ビルマ、ユーゴスラビアを除いた五十一カ国であった。なお、中華人民共和国の成立は一九四九年十月であるから、この国は日本と戦争をしたことがない。

会議は、連合国間の交渉で八月十六日に成立した最終条約案の合意を求めるかたちで進められたが、九月八日、同案に署名したのは出席した五十一カ国中の四十八カ国で、ソ連、ポーランド、チェコスロヴァキアの三か国は署名しなかった。なお、同講和条約第二項は「日本国は台湾及び澎湖諸島に対する権利、権原及び請求権を放棄する」と定めて、日本が五十年にわたって統治してきた台湾を手放すことが明記された。ただし、日本が放棄した台湾、澎湖諸島がどこに帰属するかについては、サンフランシスコ講和条約は定めなかったため、国際法上、台湾の地位は未定になっていると主張されることがある。

さて、日本としては、講和条約をめぐる英米の合意の線に沿って、中華民国と中華人民共和国のうちどちらの中国と講和条約を締結するか決めなければならなかった。戦争の経緯からすれば、日本が戦った「中国」は中華民国なので、日中戦争の講和条約は日本と中華民国の間で結ばれるはずであった。しかし、講和会議を前に、その中華民国は、戦闘が行われた大陸中国を放棄して、戦時中には日本の統治下にあった台湾に移転してしまっていた。したがって、国家を優先すれば日本は中華民国との講和を選択すべきだが、戦闘が行われた場所、そして戦争の被害を受けた人々との講和を考えれば、日本には中華人民共和国と講和を結ぶという選択肢もあった。

しかし、アメリカの圧力もあり、最終的に、吉田内閣は台湾の中華民国との講和を決断して、一九五二年二月から双方の間に交渉が行われた。その結果、サンフランシスコ講和が発効する前日、四月二十八日に台北で「日華平和条約」が署名された。

この条約締結にあたって、調整が難航したのは、「日華平和条約」の適用範囲であった。条約の正文で、二国間の請求権等は、「台湾及び澎湖諸島の住人」であると規定されたことが問題の焦点となった。というのは、現実に中華民国政府が実効統治している範囲は、台湾、澎湖諸島、金門島、馬祖島に限られているが、蔣介石政権は、中華民国の主権は中国大陸に及ぶとして、中国共産党政権は違法に、かつ一時的に当該地域を占拠しているに過ぎないと主張していた。しかし、日本政府としては、この条約の効力を中華民国政府が現に支配している台湾その他の島々に限定することで、大陸中国を支配している中華人民共和国と、将来的には別途交渉する余地を残す意図があった。

結局、同条約には「交換公文」と両国が「同意した議事録」が添付されることになった。「交換公文」では、この条約は「中華民国政府の支配下に現にあり又は今後入るべきすべての領域に適用がある」として、蔣介石政権が目指している「大陸反攻」「復興中華」が実現した暁には、この条約は中国大陸全土に適用されることを認めた。

このように、八年間戦われた日中戦争の講和は、連合国と日本のサンフランシスコ講和条約には含まれず、別に単独で交渉が行われた日本と中華民国との平和条約によって達成された。

中華民国憲法体制の維持

一九五〇年には、中華民国の統治範囲は、台湾と澎湖諸島、福建省の金門島と馬祖島だけに限られていた。しかしながら、台湾に移転した中華民国政府は、大中国を支配するために作られた中華民国憲法を堅持し、大規模な国家統治制度を維持しようとした。

これによれば、全国各地から選挙で選ばれた国民大会代表をもって構成される国民大会があり、この機関が国家元首である総統と副総統を選出し、憲法を修正する。また、立法を担当する立法院、行政をつかさどる行政院と司法を担当する司法院のほかに、公務員の採用試験、昇進をつかさどる考試院と、公務員の行政監察を担当する監察院が独立した対等の権力機関と位置付けられる五権憲法体制がとられている。

しかしながらその後、憲法の通りに民主的機関を維持することは不可能であった。すなわち、国民大会代表、立法委員は、中国大陸と台湾の全体で選挙を実施しなければならないが、中華民国の台湾移転により、次の選挙以後は中華民国の全土で候補者を募り、選挙戦を行い、投票を実施することは不可能であった。

そこで、蔣介石政権としては、一九四八年国民大会によって採択された「動員戡乱時期臨時条款」と、一九四八年に布告された戒厳令を根拠として、つまり、内戦が続く国家非常時を理由として、全国での選挙を凍結して、第一期の委員たちの任期を延長することとした。その任期は何度か延長されて、いつの間にか「万年委員」「万年代表」と呼ばれるようになり、事実上、終身代表のようになって一九九一年末まで改選されることがなかった。

例えば五十歳で選出された立法委員は一九八〇年代には八十代となり、相当数が職務を果たすのが難しい状態になったから、月給泥棒の老人という非難を込めて「老賊」と呼ばれることもあった。

いずれにしても、しだいにその数を減らしながらも、一九四七年から四八年に、当時の中華民国全土で選出された代表、委員をもって構成する国民大会、立法院などが存続することを、台湾に移転した国民党政権が「中国」を代表する政府であるということの裏付けとして、中国共産党の北京政権、すなわち中華人民共和国に対抗していたのである。

通貨改革とアメリカの経済支援

日本統治時代末期の台湾では、日本の南進基地としての位置づけから、それまでの農業社会から工業社会への移行が積極的に進められた。その結果、それまでの米とさとうきびに加えて、紡織、化学、セメント、製紙、炭鉱、石油精製、金属製品、機械工業などの分野で発展が目指されることになった。道路、港湾、河川、鉄道、上下水道、郵政、電話、電報、学校、病院などのインフラの整備も進み、さらに飛行場も各地に作られていった。しかし、大戦末期になると、軍事施設のほか、工場設備、インフラにもアメリカ軍の空爆が加えられ、主要な鉄道や道路、橋梁も破壊されて、南北の交通が遮断されるほどだった。

　したがって、農工業生産の落ち込みで台湾の人々が生活苦にあえぐ状況で終戦を迎えたと言ってよい。日本の内地と違ったのは、それに加えて、戦後の台湾を国共内戦の影響が襲ったことである。内戦による中国大陸のインフレが、台湾にも波及し、一九四六年一月から翌年二月までのおよそ一年間で、砂糖は二一・三倍、米が三・八倍、小麦粉四・四倍、豚肉二・二倍、布は五倍に高騰したという。

　さらに追い打ちをかけたのが、一九四九年末の国民政府の台湾移転であった。それまでの台湾の人口がおよそ六百万人というところへ、生業をもたない百五十万人がやってきたのである。急に増加した台湾の人々の衣食住の確保、生活必需品の確保は容易ではなかった。

　物資不足からハイパー・インフレに陥ったが、国民政府はインフレの抑制を最優先事項として対処することとし、上海の中央銀行から運んだ十億ドル相当の金塊を準備金にあてて、一九五〇年六月十四日に、台湾省通貨改革が実施された。これによって、台湾銀行がそれまで発行していた紙幣に替えて、新台湾ドルを発行することとしたが、そのレートは、旧台湾紙幣四万元を新台湾紙幣一元とするものだった。これによってインフレは鎮静化へ向かい、物価は徐々に安定に向かった。

　いずれにしても、生産力の減退の中での人口急増に対処することは容易ではない。崩壊に瀕する台湾経済を救済したのは、アメリカからの支援であった。実は、一九四九年十月の北京における中華人民共和国の建国を受け、一九五〇年一月には、アメリカのアチソン国務長官は、いわゆるアチソン・ラインを発表して、アメリカの防衛線を日本列島からグァム、フィリピンへと結ぶ線まで引き下げる方針を示していた。朝鮮半島と台湾は、このラインの外に取り残された。ところが、この発表が、北朝鮮による韓国への攻撃、朝鮮戦争の引き金を引く結果になり、戦争の勃発によってアメリカは、朝鮮半島と台湾に再び積極的に介入することになったのである。

アメリカの援助、いわゆる「米援」では黄豆、小麦粉、粉ミルク、綿花、肥料などの一般物資を援助し、台湾の通貨を安定させるための資金援助も行った。このほかに、アメリカは、農業復興や、電力、鉄道、工場などの経済建設も支援し、資金および機械設備を提供した。さらに、技術援助として、台湾の技術者の養成を進め、海外の技術者の招聘を支援した。

こうしたアメリカ政府による台湾支援は、一九五〇年を皮切りに一九六五年まで継続し、その後の台湾の経済発展の基礎作りに大きく貢献することになった。

土地改革の推進

戦後の台湾社会を大きく変える契機となったもう一つの要素が土地改革である。孫文の三民主義、すなわち民族主義、民権主義、民生主義のうちの民生主義とかかわる政策が土地改革であった。すなわち、経済的に平等な社会＝均富社会の実現を目指すのが民生主義であり、農業社会であった中国、戦前期の台湾を前提に考えれば、それは土地所有権の平等性の実現を意味した。

台湾における土地改革は、「三七五減租」「公地放領」「耕者有其田」の三段階で実施された。

もともと、台湾において地租はおよそ五〇%から七〇%に達していたため、小作人は収穫の半分も手にすることができなかった。国民政府の台湾省政府主席となった陳誠は、一九四九年一月に、これを三七・五%に軽減する政策、すなわち「三七五減租」を打ち出し、これによって、台湾農民の生活が改善されることになった。このような大胆な地租軽減は、もともと台湾に基礎をもたない外来政権であったからこそできたといえる。土着の政府では、台湾の地主、有力者との関係があり、あるいは政府有力者が地主本人である場合もあって、このような政策を実践することは容易ではないだろう。

次に「公地放領」は、中央政府、台湾省政府および公営企業が所有する農地を、実際に耕作をしている農民に払い下げる政策である。実は、こうした農地は、もともと日本政府あるいは日本企業が所有していた、いわゆる「日産」である。その面積はおよそ十八万ヘクタールにものぼったという。「公地放領」は、台湾に国民政府が移転して二年目の一九五一年六月に公布した「台湾省放領公有耕地扶植自耕農実施辨法」、すなわち台湾省が公有の耕作地を放出して、自作農を扶植するための法律によって実行された。その地価は、主要作物の年間収穫量の二・五倍に設定され、無利息十年間分割で償還するという制度であった。この制度を利用した農家は二十六万六千戸に達し、一九七〇年までに十二万ヘクタール余りが払い下げられた。

三番目の、「耕者有其田」は、実際に農業をする人が田畑を所有するという政策で、小作農の自作農化を進めるものだ。一九五三年に「耕者有其田施行細則」が定められ、耕作を行わない地主が保有できる耕地の限度、土地価格の保障などが規定された。

すなわち、水田三ヘクタール、畑六ヘクタールまで地主は保有できるが、これを超える農地については、政府が徴収して小作農に払い下げることとした。土地価格は、「公地放領」と同じく、作物の年間収穫量の二・五倍とし、地主に対しては、その七割を穀物の債権で、残りの三割は公営企業の株券で支払われた。

他方、農民がこうした農地を購入する際、その支払いは十年を期限に年利四％を加算して、二十年に分割して穀物をもって政府に償還することになっていた。

以上は、農地についての土地改革であるが、これと並んで市街地では新たな地価税が導入された。これは、土地所有者に地価を申告させ、土地売却の際に政府が地価の上昇分に対して「増値税」を徴収するものである。つまり、地主から地価上昇による利益を税金として徴収することで社会に還元させるものだ。

もし、土地所有者が地価を高く申告すると、売却時に生じる利益を低くみせかけることができるが、固定資産税が高くなって税負担が重くなる。低く申告すれば売却益が大きくなって土地売却時の税負担がかさむ上、政府は当該土地を安価に購入して、公共目的に使用できる。したがって、土地所有者はおおむね市場価格に基づいて申告することになる。この政策は、一九五四年に導入されて、現在も継続している。

前述のように、国民政府が台湾に移転してしばらくは、台湾の土地所有者は国民党支配層との癒着がなかったので、こうした土地改革を導入できたし、所期の成果を上げることができた。農地改革によって、農民の生活水準は向上して、教育レベルも上がり、農村社会の繁栄に資することになった。

また、「増値税」の収入は、義務教育の年数の延長や、社会福祉の基金、公共事業の財源にまわされた。

とはいえ、蔣介石の最優先の課題は台湾の民生の発展や経済拡大ではなく、「大陸反攻」「復興中華」であり「反共抗ソ（俄）」であった。つまり、台湾の社会的安定と繁栄の実現は、あくまでも中国大陸を再び支配下におくため軍事行動を起こすための基地にするためであった。したがって、蔣介石政府の台湾においては、軍事費の負担は常に大きく、国民生活の発展が優先されることはなかった。

それでも、台湾の産業構造はしだいに農業から工業へと比重を移して行き、一九六五年にアメリカからの経済援助は停止されたが、その後も台湾経済の発展は継続した。

戦後の冷戦構造の中で、朝鮮戦争やベトナム戦争、その他各地に局地的な戦争は続いていたが、米ソ冷戦の対峙のなかで、核兵器の恐怖の均衡の下では、大規模な戦争は抑止されていた。また、台湾の中華民国にとって庇護者となったアメリカは、中台間の戦争の勃発を願わなかった。

また、ひとたび台湾に移転した国民政府軍が、大陸反攻を実践することは、その渡海上陸作戦や空爆能力の構築が必要であり、また、大陸に根差した人民解放軍を台湾から攻撃することは極めて困難であった。しかも、冷戦構造は大規模な戦闘の発生を抑止する効果があり、アメリカが願わなかった以上、国民政府軍による大陸への再上陸作戦の実施は、蔣介石の意図、あるいは呼号に関わらず、ほとんど実現可能性が無かった。

台湾の顔、台北市の総統府前にも、また、全国各所、学校や公共施設には、「大陸反攻」「復興中華」

の文字が大きく掲げられていたが、しだいに単なるスローガンに堕していった。

中華民国の国際連合からの離脱

第二次世界大戦の終戦時には、まだ共産党の中華人民共和国は存在しなかったから、連合国から見て「中国」とは中華民国のことであり、蔣介石が指導する国民党の政権のことであった。だから、戦後の国際連合の発足にあたっても、連合国中の主要国として、中華民国は、アメリカ、イギリス、ソ連、フランスとともに国連原加盟国として、その安全保障理事会の常任理事国の地位を占めた。

一九四九年十月に中華人民共和国が成立を宣言し、十二月に中華民国が台湾に移転した後も、中華民国は国連安保理常任理事国であり続け、米ソ冷戦構造の中で、アメリカ側の構成国として存在感を示した。

一九四九年、建国当初の中華人民共和国に対しては、ソ連圏諸国が支援のために国家承認し、国交を結んでいくが、やがて一九五五年のアジア・アフリカ会議を契機として、北京の中華人民共和国を国家承認する国が増えていった。

一九六〇年代後半になると、中国共産党政権の国連加盟を求める声がしだいに高まり、国連総会においても議題として提起されるに至る。米ソ冷戦のさなか、共産圏の勢力拡大を阻止し、自由・民主主義圏を維持しようとしたアメリカを中心に、これと協力する日本も、台湾の中華民国政府の国連における議席の維持を訴えて行動したが、しだいに旗色が悪くなっていった。

しかし、国連が世界最大の人口を抱える中華人民共和国をメンバーとして迎え入れることは、むしろ自然なことである。それはそれとして、台湾の中華民国の国連における議席を維持すること、つまり北京政府と台湾政府を国連において両立させる道があっても良かった。実際、北京と台湾に向けてそうした働きかけもあった。この道は台湾も北京も受け入れる気が無かった。つまり、蔣介石の国民政府としては、中華民国が「中国」を代表する正統な政府であり、北京の中国共産党の政府は、中華民国に反逆した反乱団体に過ぎない。また、北京政府にしてみれば、一九四九年に中華人民共和国の建国を宣言して以来、すでに「中国」の代表権は中華人民共和国に移ったのであり、台湾はその不可分の一地方に過ぎない。その台湾が国家を名乗って、北京政府とともに国連に席を保つことなど認められるはずがなかった。

一九七一年七月九日、国連において中華民国を支援してきたアメリカのキッシンジャー大統領補佐官が極秘訪中した。これは、南ベトナムのサイゴン、タイのバンコク、インドのニューデリー、そしてパキスタンのラウルピンディを訪問したキッシンジャーが、突如体調不良ということで四十八時間治療に専念するため休息をとることになった、という名目で行われた秘密訪問であった。その際、周恩来首相と会談をもったが、米中の高官の間で話し合いが持たれたことは七月十三日になって発表された。

一九七一年十月二十五日、ついに国連は、中華人民共和国の加盟を認めるに至るが、その直前、中華民国の代表は国連脱退を表明して、国連議場を去っていった。

翌年、七二年二月二十一日から、米国ニクソン大統領が中国を訪問し、周恩来首相、毛沢東国家主席と会談した。ベトナム戦争の終結に向けて、また、米ソ冷戦のなかでソ連包囲網を形成するために米中接近を図るアメリカの戦略転換のなかで、台湾は国際生存空間の維持がますます困難になった。

「大陸反攻」「反共抗ソ」から「十大建設」へ

国連に加盟し、さらには安全保障理事会の常任理事国であった間は、実際の統治範囲が台湾といくつかの島嶼に限定されていても、国際社会においては中華民国は存在感を示しており、「中国」代表権をもつ政府という主張に意味があった。しかし前述のとおり、一九七一年十月に国連の「中国」代表権が中華民国から中国共産党の中華人民共和国に移ると、九州よりも小さな台湾の中華民国は、「中国」政府であるという虚構を虚構として受け入れ、現実を直視する必要に迫られるようになった。

しだいに高齢になり、病気がちになった蔣介石総統の下、息子の蔣経国が一九七二年五月に行政院長、すなわち首相に就任した。その蔣経国は、中華民国を大陸に戻すという幻想を棚上げし、台湾に根を張る国家として育ててあげることを決断した。

こうして一九七三年に打ち出したのが「十大建設」の政策であった。すなわち五か年計画として、南北を結ぶ高速道路を完成させ、鉄道の電化を果たし、国際社会とより密接に結ぶために港湾や飛行場を整備、新設するなど、インフラの拡充、整備をはかりつつ、製鉄、造船、石油化学などの製造業を発展させ、原子力発電にも着手するといった十項目の国家建設計画を打ち出した。それから四年、いまだ十大建設の目標が完成するに至らないうちに、蔣経国は、今度は十二大建設を新たにスタートさせた。これは、高速道路および鉄道を延長させること、それに加えて東西の横断道路を新設することと、港湾の拡大と製鉄工業の増強、原子力発電所の増設、住宅建設と新都市開発、そして各地の文化センターの建設などを含むものだった。

経済成長率で見ると、一九七五年の四・二%から一九七六年には一三・五%へと上昇、工業成長率でも一九七五年の八・五%が一九七六年には二四・四%となっており、この時期が一つの転機であったことがわかる。

一九七〇年代に始まった「十大建設」は一九八〇年代前半までに「十二大建設」さらに「十四大建設」として継続され、所期の計画を完成させた。これによって、台湾の経済は農業社会から工業社会へ、さらにはハイテク産業へと移行を進めることになり、一九八〇年代半ばには、韓国、香港、シンガポールとともに、アジアの四匹の小龍とまで呼ばれるようになった。

これらは、アメリカを中心とする戦後の世界経済の拡大基調、アジアにおいては日本を先頭とするいわゆる「雁行型」経済発展の一部をなすものでもあった。

また、台湾の産業構造は、この間に労働集約型の産業から、技術、知識集約型産業の発展へと移行して、一九八〇年には電子工業を中心とする新竹科学工業園区（Science Park）が建設され、産業の高度化についてのモデル地区となった。ここでは、政府が投資を奨励したほか、外資と技術を導入し、国家科学会、工業研究院が技術を民間に移転させることが重要な産業政策となった。

一人当たりGNPは、国民政府が台湾に移転した一九五〇年ころには百ドル未満であったものが、一九八七年に五千ドル、一九九二年には一万ドルの大台に達した。対外貿易は、一九九〇年代に入ると世界の十五位以内となり、外貨保有高にいたっては一九九二年二月に八百三十億ドル、一九九三年二月に八百四十六億ドルとなって、世界の一位あるいは二位を占める状況となった。

しかし急速な経済発展は、新たな課題を産み出すことにもなった。道路や駐車場の拡張、整備を上回る自動車保有台数の増加は、大都市部で慢性的な交通渋滞を引き起こし、工業化の進展と、自動車の排気ガスとによって大気汚染が悪化することになった。また、公共交通拡充のための地下鉄（捷運）工事が、主要道路の随所で車線をふさいで、台北市内の交通渋滞に拍車をかけていた。

さらに治安の悪化や文化・レジャー施設の圧倒的な不足など、経済発展の歩調と社会構造の変化の速度、リズムが一致しないためのひずみがみられるようになった。また、台湾全体での生活水準の向上に伴う教育水準の向上、社会経済の国際化の進展による一般の人々の視野の拡大と外部情報の社会への流入によって、政治的民主化を求める社会的圧力がしだいに高まるようになった。

国民党一党支配下の台湾の民主化

一九四六年二月八日から三月十日にかけて、台湾では、基層の地方自治組織である郷鎮市区民代表選挙が実施された。このレベルの選挙は、それ以後、一九五二年までは二年毎に、それ以後は三年毎に、継続的に実施された。また、郷鎮市区長選挙は一九五一年以後に実施された。

一方、先述の通り、中華民国憲法制定に伴い、台湾各地では一九四七年十一月二十一日から二十三日に国民大会代表選挙が、四八年一月二十一日から二十三日に立法委員選挙が実施された。一人一票、無記名、秘密、という通常の民主的選挙のルールで投票が行われたが、自ら公民登録をした者が投票権を行使する方式であり、中国全域では成人の三割程度が公民登録したといわれている。

このときには台湾は大陸中国地域とともに中華民国を構成する地方として、これらの国政選挙を実施したが、四九年十二月、国民政府が各種機関とともに、そっくり台湾に移転したとき、立法委員についても約半数が台湾に渡った。台湾への移転は、しばらくしてからも行われたため、最終的には国民大会代表については、選出されていた七百六十名のうち三百八十名余りが台湾に移住した。また、国民大会代表立法委員の場合、およそ五百五十人程度、つまり七二%ほどが台湾の立法院に参加したようだ。

しかし、国民政府が大陸中国の統治権を喪失してしまったため、国民大会代表および立法委員などの任期については一九四八年の動員戡乱時期臨時条款によって総統の権限を拡大し、さらに司法院大法官会議第三十一号解釈によって、次の選挙が行われるまで、第一期立法委員が職権を継続して行使できるようにした。

しかしながら、これでは民意が全く反映されないことになる。そこで、中国全土での選挙は不可能なので、台湾省で選出された代表・委員の改選を進める方式がとられた。まず、一九六六年三月二十一日に、臨時条款を修正して、台湾移転後においても選挙が行える地区、すなわち中華民国政府の統治権が及んでいるいわゆる「自由地区」においては選挙を実施することにした。この修正では、さらに統治権を奪還した「光復地区」があれば、その地域においても選挙が実施できることとしていた。しかし、「光復地区」など存在しなかった。

最初は一九六九年に、一九四八年の立法委員選挙で選出された委員の任期を延長することに加えて、定員増加分を「補充選挙」として実施したのである。このとき十一人の立法委員を選出したが、これらの委員の任期は一九四八年選出の立法委員と同様に扱うことにしたので、新たに「万年委員」が加わることになった。

ところが、一九七二年以後には、この方式を改めた。本来、立法委員の任期は三年間であり、台湾地区では三年おきに委員の改選を行うことができるので、「万年委員」を増加させる必要がないからである。そこで、一九七二年三月十七日の法改正で、これ以後、一九四八年に選出された第一期の立法委員に新たに台湾地区の立法委員を増加させて、その任期を三年で区切って改選することとした。また、その「増補」議席については、地理的に選挙区を設定する「区域代表」のほかに、職業代表と総統の推薦による海外華僑代表を加えた。詳細は第三章を参照されたい。

こうして、一九七二年には合計五十一人の立法委員が選出され、それ以後、一九七五年に改選が行われた。

一九七五年の次は一九七八年十二月末に選挙が行われることになり、現に十二月には選挙戦が始まっていたが、選挙戦たけなわの十二月十五日、アメリカが中華人民共和国との国交正常化を発表し、台湾の中華民国はアメリカと断交することになった。台湾にとって、政治、経済、軍事においてもっとも重要な存在であったアメリカとの断交という緊急事態の発生で、選挙は延期することになった。なお、七二年、七五年の選挙の増補議席数が五十一ほどであったのに、八〇年選挙では、増補議席数を九十七人にほぼ倍増させた。この結果、区域代表だけでも五十四人となった。

これは、蔣経国政権の、台湾土着化の意思を反映したものと見られる。つまり、「三民主義」の中華民国として台湾の繁栄を目指すのであれば、国政に台湾の民意を反映させる必要がある。また、七九年以後のアメリカの台湾政治への関心の高まりと、民主化圧力の高まりに対応したものといえよう。

さて、民主的な国政選挙が実施されるのであれば、政府与党の国民党だけから候補者が出るのではなく、与党以外からの立候補もあるのが普通である。しかしながら、独裁国家においては、さまざまな立法措置や行政措置で、与党以外の立候補を抑圧してしまう。台湾でも、与党外の立候補は容易ではなかった。すなわち、戒厳令と動員戡乱時期臨時条款の体制下では、新たな政党の結成が禁止されているため、国民党以外の政党活動の余地がなかった。

しかし、国民党を批判する人々は、国民党の一党支配に挑戦しようとして、国民党の公認を得ることなく、非党員として立候補する。この場合、純粋な無党派候補もいたが、戦前からの歴史を持ち国民党を補佐する与党的政党もあり、それ以外で国民党に批判的な候補の場合に「党外」候補と呼ばれた。初めての国政選挙となった一九六九年の立法委員「補充選挙」では、定数十一人のところ、国民党の当選者が八人、国民党以外が三人であった。その後、選出される委員数の増加につれて国民党以外の当選者も増加して、七二年には五十一人中六人、七五年には五十二人中七人、一九八〇年には九十七人中十六人となる。その一定部分が「党外」候補であり、やがて「党外」同士の選挙協力のかたちで、政治団体的色彩を帯びるようになる。

以上の「党外」の存在は、一九四九年以後の国民党支配の台湾において、民主化を目指す根強い国民の意志があったこと、その長い苦しい戦いののちに、少しずつ民主化の成果を勝ち取っていったことを表している。

「台湾人民自救宣言」と台湾独立運動の国際化

台湾における民主化運動、また独立建国運動は、日本やアメリカなど外国に居住した台湾人の政治運動と連動しながら進められた。つまり、台湾内部では、新たな政党結成や、新たな新聞発刊は禁止されていたが、海外の自由民主主義国では、自由に政治団体を作り、新聞で世論に呼びかけることができたから、海外の台湾人の活動と台湾内部の運動が連携したのである。

日本の場合、台湾から東京大学や京都大学、あるいは早稲田大学などへ留学した優秀な学生たちの中には、民主主義の価値と人権、民族自立について高い意識を持つ学生が少なくなかった。アメリカその他でも同様である。こうして海外における民主化運動、台湾独立建国運動は、各地のハイレベルな留学生と、それに同調した日本人やアメリカ人など、その国の若者たちによって広められることになった。

日本では、一九六〇年二月二十八日に王育徳を中心に台湾青年社が結成され、日本語の月刊誌、雑誌『台湾青年』を発刊した。一九六三年に台湾青年社を台湾青年会に改称すると、中央委員会の委員長に黄昭堂が就任した。王育徳は東京大学大学院博士課程で研究し、後には明治大学の教授となったし、黄昭堂は東京大学大学院で社会学博士となり、東京大学で講師を務め、後には昭和大学の教授となっている。

また、早稲田大学に留学して修士号を取得した羅福全は、その後、アメリカのペンシルヴェニア州立大学へ渡り、博士号を取得するとともに、蔡同栄らと全米台湾独立連盟を主催した。その蔡同栄は、テネシー大学で修士号、南カリフォルニア大学で政治学博士号を取得して、後にはニューヨーク州立大学で教鞭をとった。その後、羅福全は国連職員として国際的に活躍することになる。

一九七〇年一月一日、日本の台湾青年独立連盟、全米台湾独立連盟、欧州台湾独立連盟、カナダ台湾人権委員会、台湾自由連盟（台湾の地下組織）の五団体を統合して、台湾独立建国連盟が発足すると、その総本部をアメリカに置いたが、初代の主席には蔡同栄が就任した。

そのころ、台湾においては、台湾大学教授の彭明敏とその教え子の謝聡敏、魏廷朝らが独立宣言「台湾人民自救宣言」を準備した罪で、一九六四年九月二十日に逮捕された。同宣言は、「極右の国民党」と「極左の共産党」の間にこそ、台湾の自分たちの進むべき道があるとし、中国は一つで、それが中華人民共和国であると主張する毛沢東の中国共産党も、それは中華民国であると主張する蔣介石の国民党も誤っており、真実は「一つの中国と一つの台湾」が存在することだと主張している。この宣言を彭明敏らが出版しようとしていたところ、特務機関に探知されて、逮捕に至ったものであった。その後、彭明敏は一九七〇年一月に海外亡命を果たして、国外から台湾の民主化運動を継続した。

先ほど触れた王育徳、黄昭堂、羅福全、蔡同栄らとともに彭明敏も、これらの政治活動のためにブラックリストに掲載されることになり、台湾へ帰国すれば逮捕・投獄が必至であるため、長年にわたって海外生活を余儀なくされることになった。ブラックリストが解除されて、帰国が可能になったのは、一九九二年五月十五日に立法院が刑法を改正して、台湾独立の主張を合法化してからのことである。したがって、事実上の海外亡命生活は二十数年に及ぶ者が少なくなかった。

日中国交正常化と日華断交

サンフランシスコ講和条約の発効と相前後して、一九五二年四月二十八日に日華平和条約によって、台湾の中華民国と国交を結んだ日本は、その中華民国が国連脱退するまで、アメリカと同様にこの国交を維持しており、北京の中国共産党政権を承認しなかった。一九七一年の中華民国国連脱退に至るまで、日本は、この問題を「逆重要事項」に指定して、過半数ではなく三分の二多数がなければ中華民国を国連から脱退させることはできないという扱いにするように、働きかけていた。

十月二十二日のアメリカ国務省筋の情報では、中華民国の国連議席の維持はほぼ確実とされていたし、日本時間二十五日付の日本の外務省の情報でも「勝つ可能性が出てきた」と報じていた。しかし、ニューヨーク時間で二十五日夜に行われた逆重要事項決議は、賛成五十五、反対五十九、棄権十五で否決され、続いて行われた中国の国連加盟を認め、台湾の中華民国の追放を求めるアルバニア決議案が、賛成七十六、反対三十五、棄権十七をもって可決した。

そもそも一九七〇年には、カナダとイタリア等が、一九七一年にはオーストリア、トルコ、イラン、ベルギー、ペルー等が中華人民共和国を承認して国交を結んだが、中国の国連加盟後の一九七二年には、メキシコ、アルゼンチン、オランダ、ギリシア、西ドイツ、ルクセンブルク、ニュージーランドなど続々と国交を樹立した。国際社会において中国との国交を締結する雪崩現象が起き、その陰で、台湾の中華民国の国際生存空間は急速に狭まっていった。

日本もまた、その潮流の外に立つことはなかった。佐藤栄作内閣の時期には、日本政府は中華民国との国交を維持する立場であったが、一九七二年七月に田中角栄内閣が発足すると、田中首相は、一気に中国との外交関係樹立へと進んでいった。政権発足からわずか二か月半後の一九七二年九月、田中角栄首相と大平正芳外相が北京を訪れ、周恩来首相と姫鵬飛外相との交渉の末、九月二十九日、日中共同声明に署名して、「日中国交正常化」を果たした。

日本は、日華平和条約によって日中戦争を清算して、新たな日中関係（日華関係）をスタートさせていた。したがって、北京の中華人民共和国と国交をスタートさせるに際して、改めて「日中」の国交を樹立する余地はない。このため、「日中国交正常化」という語が用いられたのである。それまでも日中関係はあるにはあったが、それは異常な関係だったので、正常化した、という扱いである。

この「日中国交正常化」に際して、中国側は「中華人民共和国が中国の唯一の合法政府である（日中共同声明第二項）」と主張し、なおかつ「台湾が中華人民共和国の領土の不可分の一部であること（同第三項）」を表明した。これに対して、日本政府としては、そのように主張しているという「中華人民共和国の立場を十分理解し、尊重」するとした。これについて、署名の当事者の一人であった大平正芳外相は、翌日の自民党両院議員総会で中国側の主張に対して「日本側はこれを『理解し尊重する』とし、承認する立場をとらなかった。つまり、従来の自民党政府の態度をそのまま書き込んだわけで、両国が永久に一致できない立場を表した」と説明している。

なお、両国が署名し、なおかつ議会の裁決をもって批准手続きをとった「日華平和条約」については、日本政府は、「日中共同声明」後の北京における記者会見において、大平外相が「共同声明の中には触れられておりませんが、日中関係正常化の結果として、日華平和条約は、存続の意義を失い、終了したものと認められる、というのが日本政府の見解でございます」と述べ、一方的に失効したものと発表した。つまり、議会手続きをとらなかった。無論、中華民国政府からは、二十九日付けで断交の通知が来ている。

日本政府としては、田中政権発足から短期的な準備で「日中国交正常化」を果たす一方、中華民国とのその後の関係について用意が無かった。相互に多数の居留者がいるし、経済関係も緊密であり、航空便も飛び交っていたが、それをどう処理するか何も決まっていなかった。

日台の関係を処理するため、十二月一日に日本側の窓口機関となる「交流協会」が、同二日に台湾側の「亜東関係協会」が設立され、その相互の在外事務所設置の覚書が十二月二十六日に交わされた。日本と台湾との間に国交がない以上、両協会はともに民間組織とされ、民間団体相互の覚書であるが、事務所の業務として「自国民保護」が謳われるなど、事実上の国家関係維持のための機関である。ただし、協会自体が「自国民保護」などできないので、関係の省庁に働きかけると称している。そして日本側では、二階堂官房長官が、台湾側では沈昌煥外交部長（外相）が、両協会の活動を政府が支持することを表明した。

これ以後、日本と台湾との関係は、民間の実務的な関係が維持されているという形式で、実際には両協会が処理しており、その職員は、日本の場合、外務省、経済産業省、文部科学省などからの出向である。さらに近年では、通常の大使館における駐在武官（駐在自衛官）に代えて、台北事務所には退職した自衛官が駐在している。

なお、日本側窓口機関の名称は、二〇一七年一月一日を期して、「交流協会」から「日本台湾交流協会」に、また台湾側窓口機関の名称は、同年五月十七日から、「亜東関係協会」を「台湾日本関係協会」に変更して今日に至っている。

「党外」の誕生から連帯へ

台湾島内では、「増補選挙」が定着してきた一九七七年は、「党外」勢力の萌芽の時期となった。一九六九年十一月に台北市で、制度改正後の第一回市議会議員選挙が行われると、「党外」の康寧祥が高得票で当選した。その一か月後、立法委員の「補充選挙」で、その康寧祥らの支援を受けた黄信介が当選した。一九七二年の立法委員選挙、七三年の地方選挙、七五年の立法委員選挙では、台湾全島各地で「党外」の人々が立候補し、それぞれ政見発表会をすると、これらの政治集会は大盛況となった。つまり、民主化の推進に向けた台湾の民意の高揚がしだいに見られるようになった。しかしながら、これら「党外」の活動が政党活動と見られると、「党禁」に違反することになるため、候補者の一部に選挙協力が行われただけで、全島的な政治団体は形成されなかった。

全島的な連携は、一九七七年から始まった。この年十一月の台湾省議会議員選挙に際して、全国各地で多数の「党外」人士が立候補したが、それらの候補者に対して康寧祥と黄信介が応援演説をして歩いたのである。これが党外の人々の全島的な連携を促すことになった。この選挙を通じて、張俊宏、林義雄などが「党外」として選挙に参加して、「党外十三人組」と称された。

また、もともと国民党の省議会議員であった許信良は、この年に『風雨之声』と『当仁不讓』と題する現状の国民党を批判する書を上梓し、党内から厳しい批判を浴びたが、国民党の警告を押し切って故郷の桃園県長選挙に出馬した。この選挙で、許信良は無党籍ながら国民党候補を破って当選した。開票当日の十一月九日には、桃園県長選挙の投票過程における国民党の不正行為に反発した中壢市民多数が市内の警察分局を包囲、焼き討ちしたいわゆる「中壢事件」が起きている。

この選挙で、県市長では「党外」及び無党籍から四人が当選、省議会議員には二十一人、台北市議会議員には六人が当選した。このようにまとまった数が当選したこと、選挙戦中に相互の連携を促す要因があったことから、「党外」の人々が、選挙後には一種の「政治団体」としてまとまる傾向を見せることになる。また、地方行政に対して一定の影響力を持つようになったことで、「党外」に新たな人々の参加が促進されることにもなった。

こうして一九七八年末の立法委員選挙を前にして黄信介は、「党外」の人々が「台湾党外人士助選団」を結成したと宣言し、各地を巡回して選挙応援を繰り広げた。さらに、十月三十一日に、台湾党外人士助選団は「十二大政治建設」という共同政見を発表した。その内容は、①徹底して憲法を遵守する、すなわち中央民意代表の全面改選、省市長直接民選、軍隊の国家化、司法の独立、各級裁判所の司法院への従属、違刑罰法の廃除、思想と学術の独立、党派および党職員による学校管理の禁止、言論出版の自由、出版法の修正、新聞・雑誌の出版の自由化、政治参加の自由化、政党結成の自由化、旅行の自由化、国外観光旅行の解放、②戒厳令の解除、③人格尊厳の尊重、すなわち拷問、不法な逮捕や収監の禁止、民家に対する侵犯とプライバシーの権利の侵害の禁止、④国民医療保険と失業保険の実施、⑤資本家の起業政策仮保護の保障の廃除、⑥国民の住宅のための長期低利貸付制度の設立、⑦コメの無制限買い取りの価格保証と、農業保険の実施による稲作の小作制度の廃止、⑧労働基準法の制定、労働組合法の遵守、労働者と資本家の団体交渉権の承認、⑨漁民を補助し、漁村環境を改善し、漁民の安全と生活を保障する、⑩環境汚染防止法と国家賠償法の制定、⑪省籍と言語による差別への反対、方言によるテレビ番組放映時間制限への反対、⑫政治犯の人赦の要求と、出獄した政治犯およびその家族に対する法、経済、社会的な差別への反対、以上である。

なお、⑪の「方言」とは、主として台湾語、さらには客家語や原住民語を指す。台湾住民の七割を占める台湾人は、もともと福建省南部の閩南語（福佬語あるいは今では台湾語ともいう）が日常言語であって、北京語やその派生語としての普通話（標準語のこと）を使う人はいなかった。あとは日本語教育によって、共通語として日本語を用いていた。戦後の中華民国政府が、旧敵国であり、台湾の支配国であった日本語の使用を禁忌とするのは当然だとしても、閩南語や原住民語の使用を制限される必要はなかった。公用語として「国語（普通話）」が強制されただけではなく、学校でも閩南語の使用は禁止され、「国語」の使用が義務づけられた。こうしたことへの反発から、公共放送における閩南語の使用枠の拡大や、その他言語の尊重を掲げたものである。

そのほか①から③の自由権を中心とする人権については、中華民国憲法に記載されていても、戒厳令と動員戡乱時期臨時条款によって、さまざまな形で規制されていた。

これによって選挙戦では、国民党と「党外」との対決が激しさを加えることになった。しかしながら、そのさなかの十二月十五日、アメリカのカーター大統領が、翌年一月一日から米中間の国交を正常化すると発表した。これに対して十二月十六日に、蔣経国政権は対米断交を発表するとともに、緊急処分令を発布して、選挙を延期し、選挙運動を停止させた。

こうして突如として選挙運動ができなくなった「党外」の人々は、街頭デモへと運動を転化させることになった。また、翌年、一九七九年六月に「八十年代」、八月に「美麗島」という「党外」の月刊誌が創刊された。

「美麗島」雑誌社は、全国各地に支社を設立して、支社設立祝賀会の名目で演説会を開催した。さらに同年十二月十日、世界人権記念日に合わせて美麗島雑誌社の主催で、高雄市において「党外」の人々を集めた記念大会を開催した。この大会のために集まった群衆と治安情報機関とが衝突すると、治安当局は道路を鎮圧部隊で閉鎖し、多くの人々を逮捕した。この事件は、「美麗島事件」あるいは「高雄事件」と呼ばれる。

この事件で、当時の党外運動の指導的な人々の多くが逮捕されたが、政府主導のマスコミは、暴動の発生として伝え、逮捕者には暴徒としてのイメージが被せられた。その中には、当時十九歳の若き女性闘士であった陳菊の姿もあった。

その陳菊は、民主化が達成された後には、事件のあった高雄市の市長を二〇〇六年十二月から二〇一八年四月まで務めることになる。

アメリカの台湾関係法制定と台湾政治への関心の高まり

ところで、アメリカが中華人民共和国政府と国交を正常化し、台湾の中華民国政府と断交となった一九七九年一月一日から、アメリカ議会は、国内法として台湾関係法の制定に向かった。もともと米台間には、通常の外交関係に加えて一九五四年に米華相互防衛条約が結ばれていた。つまり、対中国、朝鮮半島を含むアジア太平洋の安全保障の要として、アメリカは台湾と軍事同盟関係を保っていた。アメリカは一貫して、蔣介石、蔣経国の中華民国国民党政府を支持して国交を維持し、中国共産党支配の中華人民共和国を国家承認しなかった。特に一九五〇年六月に勃発した朝鮮戦争によって、東アジアにおける共産主義勢力拡張に対して危機感を抱いたアメリカは、反共の拠点として台湾の重要性を認識していた。戦後の米ソ冷戦構造のなかで、アメリカが中国共産党の北京政権を支持するという選択肢はなかったのである。

しかし、一九六〇年代以後、しだいに中ソ対立が顕在化して、ベトナム戦争の処理とソ連封じ込めのため、アメリカには国際戦略として米中国交正常化の余地が生まれてきた。

こうしてニクソン大統領は、一九七二年二月、中国を訪問して米中首脳会談を実現して、米中接近を世界に印象付けた。

その一方で、アメリカの対台湾の外交関係は変わらずに継続した。台湾にとっては、政治、軍事、経済、外交上、対米関係がもっとも重要であった。それだけに、一九七八年十二月の米中国交正常化の発表は台湾にとって大きな衝撃であった。

しかし、三権分立の国アメリカでは、カーター政権の対中外交とは別に議会において、台湾の重要性への認識があった。このため、行政府による対台湾の外交関係断絶の直後に、立法府は、台湾の地位を法的に位置づけ、その平和と安全を維持させるための国内法を制定することにした。断交した七九年一月に議会に提出された台湾関係法は、三月末までに上下両院で順調に可決して、四月十日にはカーター大統領の署名を得て発効した。しかもこのとき、同法は一月一日に遡って有効と規定した。つまり、米台関係は、一九七八年末までは国交があり、一九七九年一月一日に国交断絶となるとともに、これに代わって台湾関係法が発効して、アメリカと台湾の関係において法的規定が切れ目なく続くことにしたのである。実は、一月一日から四月九日までの間は、アメリカと台湾の間に法的基礎が喪失していたが、四月十日に法的基礎ができると同時に、空白期間を埋めたのである。

台湾関係法の審議と成立自体が、アメリカの上下両院における台湾問題への関心の高さを物語っているが、台湾関係法の成立が、議会関係者の台湾への関心を高める結果になった。その年の十二月に台湾で発生したのが美麗島事件であった。したがって、事件の経緯と裁判の経過は、アメリカの議員や政府関係者の注視するところとなった。

こうして一九八〇年になると、アメリカ在台協会理事長のディーンが、もし事件関係者を厳罰に処した場合、アメリカにおける台湾の評価が損なわれるだけではなく、米台関係が修復不可能になりかねない、と警告を発した。また、民主党のエドワード・ケネディー上院議員は、事件関係者について公正な裁判の実施を要求した。このようなアメリカからの圧力もあって、蔣経国政府は、軍事法廷での公判を、外国メディア等に公開することとしたのである。

そして美麗島裁判の報道は、台湾の一般の人々が事件の被告たちの自由と民主を求める理念を知る契機となり、台湾社会に民主化を求める世論を広めることになった。

こうして公開の裁判が継続する傍ら、一九八〇年の立法委員選挙には、逮捕された党外人士に代わってその家族などが立候補し、国民党候補以外から十六人が当選して、党外の団結はさらに高まることになった。

さらに、美麗島事件の裁判で被告を弁護した弁護士たち、陳水扁、謝長廷、張俊雄、蘇貞昌、尤清、江鵬堅、李勝雄、郭吉仁などは、こぞって党外運動に身を投じることになった。その意味で「美麗島事件」は台湾の民主化の歴史において一つの転機になったといえる。すなわち、一九八一年の台湾省議会議員選挙、台北市議会議員選挙等において、これらの弁護士のうちから立候補して当選者を出すことになった。

前記の弁護士のうち陳水扁は台北市会議員選挙において最高得票で当選、謝長廷も台北市議会議員となり、蘇貞昌は台湾省議会議員に当選した。張俊雄と江鵬堅は続く八三年の立法委員選挙で立法委員に、尤清は一九八九年から台北県長になる。

民主進歩党の結成と戒厳令の解除

蔣経国は一九七八年に総統になると、台湾の青年を登用する「台湾青年を激励する」政策をとり、側近に取り立てた。

一方、一九八三年三月から謝長廷らが推進した「党外選挙後援団」の運動が発展して、九月十八日には「党外中央後援会」となった。

その後、一九八四年五月十一日に、現職あるいは公職を経験したことのある党外の人々が「党外公務員公共政策研究会」（略称、公政会）を結成した。公政会は、政府や与党国民党からたびたび威嚇や嫌がらせを受けることになったが、それでも活動は継続して、徐々に政治団体としての地歩を固めていった。

一九八六年三月になると、公政会は各地に分会を設立させようとするが、これは「党外」が政党として地方党部をつくるひな型となる。ここまでくると、政府からは取締りを求める声が、党外陣営からは新政党の結党へと進むべきだという声が高まった。

民主化を求める動きの高まりに対して、政権側の慎重な対応には国際的な背景があった。一九八四年十月に、アメリカのサンフランシスコで発生した「江南事件」である。これはペンネームを「江南」というアメリカ国籍の中国人が、蔣家の内部、そして国民党内部の派閥闘争などを記した『蔣経国伝』を出版したところ、八四年十月十五日に、中華民国の治安情報機関、国防部情報局が雇った暗殺者によって殺害された事件である。殺害に関わったのは、「竹聯帮」と呼ばれる暴力組織であり、その要員がサンフランシスコを訪れて犯行に及んだ。殺害の犯人たちは台湾へ帰ったが、ＦＢＩの捜査で、台湾の情報当局の関与が暴露され、情報局長汪希苓、副局長胡儀敏、第三處副處長陳虎門等が逮捕される事態となった。

「江南」の暗殺事件は、その一年前に起きたフィリピンのベニグノ・アキノ・ジュニア暗殺事件を思い起こさせるものだった。マルコス独裁体制を批判して、フィリピンからアメリカに亡命していたアキノは、大統領選挙に立候補するためにフィリピンへの帰国を決意した。帰国すれば生命の保証はないというマルコス大統領側からの警告を侵しての行動であったが、台湾の中正国際空港経由でフィリピンのマニラ国際空港に台湾の中華航空機で降り立ったアキノ元上院議員は、飛行機のタラップを降りた直後に、背後からの銃弾で暗殺された。空港はフィリピン軍の兵士たちによって厳重に警備されていた中での犯行であり、マルコス政権もしくは軍の関与はほぼ確実だった。

その後のフィリピンの混乱と、民主化を支持するアメリカ政府、レーガン大統領の反応は、蔣経国政権に影響を与える事になる。

「江南暗殺事件」は、台湾の国際的なイメージに打撃を与えたが、蔣経国の次男の蔣孝武が、竹聯帮のリーダーの張安樂に指示を与えていたともいわれ、間接的に蔣経国の威信を傷つけることにもなった。

このため一九八五年になると、蔣経国は二度にわたって、蔣家の人間は今後の総統選挙に「出ないし出られない（不能也不会）」と明言した。さらに翌八六年二月には蒋孝武をシンガポールに転出させ、三月の国民党第十二期第三回中央委員会全体会議において、「政治革新」の基本方針を打ち出し、十月に国民党中央において戒厳令解除を決定するに至った。

この間、フィリピンでは反マルコスデモが頻発するようになり、非難の対象はマルコスの独裁的政治だけではなくイメルダ夫人の豪勢な生活ぶりや一族の汚職にまで及ぶようになった。このためマルコス大統領は、任期を残して一九八六年二月七日に前倒しで大統領選挙を実施した。投票の結果は、民間の選挙監視団体「自由選挙のための全国運動」や公式な投票立会人らが、亡きベニグノ・アキノ上院議員の妻、コラソン・アキノがほぼ八十万票差で勝利したと判断するものだったが、政府の中央選挙管理委員会は、マルコスが百六十万票の差で勝利したと発表した。

マルコス勝利の発表に不満を抱いた国民が連日デモを繰り返す中、フィリピン人多数が信仰するカトリック教会や、アメリカ政府が選挙の不正を主張し、コラソン・アキノへの支持が高まる中、二月二十二日、軍首脳が不正選挙に反対の意思を表明した。結局、国民の熱狂的支持の中、二月二十五日にアキノ夫人が大統領への当選を宣言、マルコス夫妻はアメリカに亡命することとなった。

蒋孝武のシンガポールへの転出は、その二月であり、国民党中央委員会の「政治革新」の決定はその翌月である。

しかし国民党の方針転換の背景には、以上のような国際環境だけではなく、台湾内部で進められてきた党外人士などの民主化を求める行動の積み重ねがあった。

さて、「党外」による新たな政党結成の動きには二つの流れがあった。

その一つは、公職者を中心とするもので、議会制度や法的枠組みの中で国民党政府を批判し、粘り強く交渉し、駆け引きしながら一歩ずつ前進しようとしていた。つまり、先述の「党外人士立法委員選挙後援会」、そして公政会に連なる人々である。

もう一つが、党外公職者が主宰する雑誌社に勤め、政論を執筆する知識人たちを核としたグループで、美麗島事件以後に規模を拡大した「党外」の新世代と呼ばれた人々である。この新世代は、公職者が主張するような議会路線では、「万年議員」の厚い壁に阻まれて民主改革はなかなか前進しないと考え、雑誌を通じて党外の支持者を増やし、大衆運動を組織し、街頭行動を通して民主化を訴えるとともに、国民党政府と対峙しようとした。つまり、やや急進的な「街頭路線」を指向した。彼らは一九八三年九月九日に「党外編輯作家聯誼会（略称、編聯会）」を結成した。その中から、呉乃仁や邱義仁らが雑誌『新潮流』を創刊して、公政会とは別の路線を継続した。

その両者が、統一地方選挙を前にした一九八五年九月二十八日、「一九八五年党外選挙後援会」を結成して協力体制を構築した。この後援会が推薦大会を開催して、審査と投票を経て四十二名の党外推薦候補者を決定した。すなわち、台北県長候補の尤清、台南県長候補の陳水扁、台中市長候補の許栄淑ら県・市長選挙の七名、台湾省議会議員候補として游錫堃と蘇貞昌ら十八名、台北市議会議員候補には謝長廷と張徳銘ら十一名等である。

さらにこの統一地方選挙に向けて、共同政見として二十項目を掲げた。すなわち、台湾住民による自決、民主憲法の実行と臨時条款の廃止、戒厳令の解除、地方自治法の改正、財閥独占への反対、経済秩序の再建と汚職の防止などである。結果として、県・市長選挙では高雄県長として余陳月瑛一人が、台湾省議会議員には游錫堃と蘇貞昌など十一名が、台北市議会議員には推薦候補全員の十一人が当選した。なお、統一地方選挙全体では、党外は平均得票率三〇％、台北市では四〇％という成果を上げたが、党外陣営は、組織化がこの躍進の要因であると評価した。

一方、この頃にはアメリカからの民主化要求がさらに圧力を増しつつあった。すなわち一九八四年五月には、下院外交委員会アジア太平洋小委員会で、台湾の戒厳令解除、民主化の推進、人権保障の勧告が決議され、八月には、台湾の民主化要求を含む一九八五、八六年度の「外務授権法案」にレーガン大統領が署名した。

以上のような情勢の下に開催された一九八六年三月二十九日の国民党中央委員会全体会議では、新たな中央常務委員三十一名を選出したが、そのうち十四名が本省人であった。蔣経国総統は、党主席としての政策方針演説において、民主憲政の推進と国家の近代化を強調した。

さらに五月七日の国民党中央常務委員会で、蔣経国は「各界人士と溝通（対話）を行い、彼らの聴取を実施」するよう指示した。この支持に沿って、五月十日には公政会と国民党上層部との「溝通」が実現した。しかし、ほとんど成果がなかったため、公政会は七月に入ると「溝通」を打ち切り、「組党行動企画小組」を秘密裏に立ち上げて、新党の準備をすることになった。他方、編聯会でも八月になると密かに結党を計画して、政策綱領の討議を進めた。

年末の各種選挙の実施を前に、公政会と編聯会は、前年と同様に合同で「一九八六年党外選挙後援会」を開催することにした。その準備のために、九月十九日に党外各部門の代表三十四人が集まったとき、選挙の推薦候補の選出など選挙情勢についての情報交換が行われただけでなく、新党結成に向けて党名、党綱領、党章について議論を進めることを決めた。

九月二十八日、台北市内の高台、日本統治時代の台湾神社の跡地に建てられた中華式の壮麗なホテル、圓山大飯店で後援会の大会が開催されると、出席者の全会一致で新党の成立が宣言された。党名については、謝長廷の提案が採用され「民主進歩党（略称：民進党）」に決まった。

突然、新党結成の報に接した国民党では、翌二十九日に蔣経国を中心に緊急会議を招集し、対応策を討議した。その席で、蔣経国は、関係者の逮捕は見合わせることと、国民党の「政治革新十二人小組」が戒厳令解除と新党結成問題を検討するようにと指示した。

この「十二人小組」は、これに対して「国家安全法」を制定することで、適当な時期に戒厳令を解除すること、「動員戡乱時期人民団体組織法」を改正して政治団体の結成を認めること、「公職人員選挙罷免法」と「選挙資金法」を改正して、政治団体が選挙に候補者を出馬させられるようにすること、などの対応をまとめた。

この結果は、蔣経国総統が、台湾訪問中のアメリカの新聞「ワシントン・ポスト」紙会長のキャサリン・グラハム女史と十月七日に会見した際に、中華民国憲法の遵守、反共国策の支持、台湾独立とは一線を画すという条件で、新政党の結成を解禁する、と明らかにした。

民進党結成への国民党の対応は迅速であり、十月十五日には、国民党中央常務委員会において、「動員戡乱時期国家安全法」と「動員戡乱時期民間社団組織法」の草案を採択した。立法院の圧倒的過半数を国民党が掌握していた当時、国民党の決定は、例外なく立法院の決定となり、国家の決定となる。したがって、戒厳令も「党禁」もまだ継続中であったが、国民党は「承認しないが、取締りもしない」方針で、民進党の結成は黙認され、十二月六日の立法委員と国民大会代表の増補選挙では、民進党としての選挙が黙認された。

なお、一九八六年九月二十八日の結党時には、党綱領も党章もなく結党宣言をした民進党は、その後、公政会側と編聯会側から参加した十八人建党作業小グループにおいて、それらの起草を進め、十一月一日に党綱領と党章を決定した。

この選挙に、民進党は十六項目の共同政見を掲げた。そこには、台湾住民自決の確立、戒厳令の解除と動員戡乱時期臨時条款の廃止、中央民意代表の全面改選と総統の直接民選、地方自治の合憲化と省市長の直接民選、社会福祉政策の推進などとともに、台湾海峡両岸の和平の推進と国連への再加入が掲げられていた。

投票の結果、立法委員では、前回、党外は六議席だったが、今回、民進党で十二議席を獲得、国民大会代表については前回の党外は六議席だったが、今回、民進党として十一議席を獲得して躍進した。

蔣経国の国民党政府は、予定通り、翌年一九八七年七月十五日の午前零時を期して戒厳令を解除した。さらに十一月二日には、親族訪問を理由とした台湾住民の中国大陸訪問を解禁した。

一九八八年一月一日からは、新たな新聞の発行を禁じてきた「報禁」が解かれた。それまで新聞発行が禁止されたため、党外勢力は多種多様な雑誌を発刊しており、街角には雑誌のスタンド売りの屋台が数多くあった。こうした光景は、間もなく姿を消した。

その一月十三日、国民党主席として、総統として強い指導力をもっていた蔣経国が急逝した。憲法の規定によって、副総統であった台湾生まれの台湾人、李登輝が総統職を継ぐことになった。日本統治時代の台湾に生まれ、京都帝大に留学し、学徒動員で帝国陸軍軍人でもあった李登輝が総統になることで、台湾の政治・社会に新たなページが開かれることになる。

李登輝の総統就任と万年議員の退場

一九八九年のアジアは、中国発の衝撃波が駆け巡る年となった。そのきっかけは、四月十五日の中国共産党元総書記、胡耀邦の死去であった。すると胡耀邦追悼を謳って天安門広場に学生、若者を中心に多数の市民が集まり、やがて民主化を要求する大集会となったのである。五・四運動の七十周年記念日にあたる五月四日には北京の学生・市民十万人がデモと集会を行い、第二次天安門事件へと発展した

ちょうど歴史的な中ソ和解のため、五月十五日にはゴルバチョフ大統領が中国を訪問することになっていたため、世界中のマスコミが北京に集結していた。ソ連の改革者と目されたゴルバチョフの

訪中を好機ととらえた学生・市民は十三日からハンガー・ストライキに入って政治的要求を強めた。

その間に、天安門の群衆は数を増し加え、「自由の女神」像が設置されるなど政治的要求の色彩が濃厚になっていった。ゴルバチョフが天安門広場で献花をする予定の十七日には、世界に向けてアピールできるチャンスとばかり群衆は百万人に達した。結局、ゴルバチョフは広場に現れず、同日、帰国の途に就いた。一方、時の総書記、趙紫陽は十九日に広場に現れ、「慰問に来るのが遅くなりました」と述べて市民の声に理解を示す口ぶりであったが、これ以後、表舞台を去って消息が伝えられなくなり失脚した。

すると鄧小平指導下の共産党政府は、六月四日早朝を期して、動員していた人民解放軍をもって天安門広場に集まった群衆を武力で排除したのである。市民側に多数の死傷者が出る中、江沢民が新たな指導者として登場した。天安門広場での一部始終、素手で戦車に立ち向かう市民や、人民解放軍と衝突する市民たちの姿、逆に群衆の反撃にあう軍人の姿が、北京に集まっていた各国マスコミを通じて世界に伝えられた。事件による死者数は、中国政府の公式発表では三百十九人であるが、イギリス政府の情報では、「最低に見積もっても一般市民の死者は一万人以上が中国軍により殺害された」と報告している。この数字について確定的なことは不明であるが、間違いない事実は、市民の平和的集会を、国家が軍隊を動員して鎮圧した、つまり中国人が中国人に銃を向け発砲したということである。

デモの学生指導者の一部、ウーアルカイシ、柴玲などは香港へ逃れ、中国を脱出した。

天安門事件と、それによる中国の国際的な威信の失墜、欧米等各国による対中経済制裁の発動は、発足して二年目の李登輝政権にとって、また台湾の民主改革にとって、有利な環境となった。

一九八九年十二月には、立法委員の増補議席選挙が県市長選挙、県市議会議員選挙と合わせた「三合一選挙」の形で行われることになっていた。この年の六月には民進党の張俊宏秘書長が、地方から中央を取り囲む戦略を発表し、十二年後には政権をとりたいとの意欲を示していた。具体的には二十三ある県市のうち、この選挙で県市長十以上をとることが目標であった。

結果は、台北県、宜蘭県、新竹県、彰化県、高雄県、屏東県の六県市の首長獲得にとどまって、目標は達成されなかった。

立法委員選挙は、増補選出議員数が百三十人に大幅増となった。その区域代表八十七議席のうち、国民党が六十一人で多数を占めたが、民進党も二十一議席を確保して、立法院での法案提出権を獲得した。

振り返ってみれば、一九八九年から数えて十二年の年は二〇〇〇年である。結果的に、民進党はこの年から十二年で総統選挙に勝利し、政権を獲得したのであった。

さて、李登輝総統にとっての難関は一九九〇年二月の国民党の臨時中央常務委員会全体会議（以下、臨中全会とする）であった。前任の総統・副総統の任期満了を前に三月の国民大会で総統・副総統の選挙が行われるので、国民党としては党公認の候補者を決める会議を開くからである。その会議に、通常であれば現職の李登輝を総統候補とするはずであるが、党内が二派に分かれて政争を繰り広げることになった。いわゆる「二月政争」である。

八八年に李登輝政権が発足して以来、民主化を遂げながら国民党が政権を維持するには、台湾住民の多数派からの支持を得なければならない。台湾住民の多数派は、戦前から台湾に居を構えてきたいわゆる本省人であるから、国民党内で本省人の勢力を拡大して、選挙民の支持を得ることになる。しかし、国民党は戦後に大陸から来た外省人が中枢を占めてきたため、外省人の第一世代および第二世代にとって、この民主化、国民党の台湾化は、主導権を奪取されることを意味した。そこで李登輝下ろしで勢力回復を目指すことになった。これに本省人の反李登輝勢力が加わったのが国民党内「反主流派」であった。

例えば、南投県出身の本省人、林洋港である。年齢は李登輝の四歳年下だが、その経歴を見ると、一九七六年に台北市長、七八年に台湾省政府主席を経て八一年には内政部長、八四年に行政院副院長となっている。これは、七八年に台北市長、八一年に台湾省政府主席となった李登輝より、一期ずつ先んじていたということである。また、八八年一月に蔣経国総統が逝去した際に副総統であったために、李登輝が総統に就任したが、通常であれば、副総統というのは日陰のポストであって、行政上の実権はない。反対に、林洋港が務めた内政部長は国家の中枢にあって行政を担当するポストである。こうした感覚から見れば、林洋港本人が、李登輝より自分が総統にふさわしいと思っても不思議ではない。こうして林洋港は反李登輝となり、外省人系のグループと協力することになる。

臨中全会を前にした二月九日、「非主流派」の李煥、林洋港、蔣緯國、郝柏村の四者会談があり、林洋港・蔣緯國を正副総統ペアに推すことを決定した。ちなみに、林洋港以外はいずれも外省人であり、李煥は国民党中央委員会秘書長を経てこの時は行政院長であり、蔣緯國は蔣経国の義理の弟で二級上将の高級軍人、郝柏村は一級上将であり、陸軍総司令、参謀総長を経て国防部長という軍人政治家である。二月十一日に臨中全会が開催され、執行部から李登輝・李元簇ペアが提案されると、採決方法をめぐって会議は紛糾した。執行部側は賛成者が起立する起立採決を主張したが、非主流派が投票による採決を求めたのである。この場合、起立採決では、誰が起立しなかったか明らかになるので、「起立しない」ことには勇気が必要であり、反対派が票を集めにくい。これに対して、無記名投票は、非主流派は同調者を得やすい。そこで、まず採決方法について採決が行われると、中央常務委員百八十人のうち、起立採決賛成が九十九、反対が七十で、起立採決が採用されることになった。その後の起立採決では、李登輝・李元簇の正副総統ペアが、多数の起立と拍手で順当に公認候補に決定した。

ちなみに、起立採決方式に反対した中央常務委員は、孫運璿、俞國華、沈昌煥、林洋港、陳履安、王建煊、馬英九、郁慕明、關中、秦孝儀、郝柏村、許歷農、蔣孝勇らであった。一方、起立方式賛成派、つまり李登輝総統支持であった中央委員は、呉伯雄、許水德、蘇南成、黄大洲、銭復、連戰、宋楚瑜、章孝厳（後の蔣孝厳）、蕭萬長、徐立德、呉敦義、辜振甫、張京育などである。

これで国民党の公認候補は決まったが、三月の国民大会に向けて「非主流派」の策動は継続し、三月四日には、三軍軍官倶楽部で国民大会代表の一部が「林洋港、蔣緯國参戦誓師大会」を開催し、李登輝は中国共産党員であって国民党を消滅させようとしているという虚偽の指弾をして、中華民国は存亡の危機にあると訴えた。しかし、この時の林洋港の態度は曖昧であり、三月九日になってから、「不出馬宣言」を出し、蔣緯國もまた「林洋港と進退を共にする」と発表して、この政争はとりあえず終幕を迎えた。

このとき「反主流派」に回った国民党員のうち、王建煊、郁慕明等は、その後、九三年に国民党から分派して新党を結成した。また、林洋港、陳履安、郝柏村等は、九六年の総統選挙の際に、国民党公認の李登輝総統に対抗して総統・副総統候補になった。つまり、この「二月政争」は、その後も尾を引くことになった。

他方、三月十六日になると、国立台湾大学の学生九名が、台北市中央の中正紀念堂前の公園で、国民大会の万年代表に抗議する座り込みを開始した。いわゆる「野百合学生運動」の始まりであった。翌日の夜には座り込みをする学生は二百人を超え、さらに二千人を超える学生がその周囲に集まった。すると、この運動に呼応して、全国各地の大学にも運動が波及した。こうして十八日には、「野百合学生運動」として四点の要望をまとめた。

その第一は、国民大会の解散と新たな国民大会制度の再建、第二に、動員戡乱時期臨時条款の廃止と憲法に基づく民主制度の構築、第三に、国是会議を開催して国民共同で危機の打開策を講ずること、第四に、民主改革を進めるスケジュールを提出する事、であった。

三月二十日には、座り込みを継続する学生は五千人を超えたが、総統府からは、李登輝総統が国是会議の開催や、改革促進を決めたと発表された。また、参謀総長の陳燊齡上将が、学生の抗議行動は愛国行動であるとして肯定する立場を公表した。

騒然たる空気の中、三月二十一日に国民大会が開催されると、国民大会代表七百五十二人のうち六百六十八人が出席、午後一時過ぎに六百四十一票の賛成で李登輝総統の再任が決定した。すると午後三時、第八代総統に当選を決めたばかりの李登輝は、五十三名の学生代表と総統府で接見し、学生の要求に理解を示した。学生の要求を受け止め、動員戡乱時期の終了、臨時条款の廃止、国民大会と立法院の全面改選、政治改革の予定表の作成などについて、国民各層の代表を招いた国是会議を開いて検討することを約束した。

学生たちは中正紀念堂前の広場に戻り、学生間の協議を経て、翌日二十二日をもって解散することを決定した。こうして、翌日には六日間にわたった「野百合学生運動」は終幕を迎え、学生たちは平和裏に広場から去った。

李登輝政権下の「寧静革命」

再選を決めた李登輝は、四月二日には、総統の身分で民進党主席の黄信介に、正式に憲政体制、政党政治などについての話合いを呼び掛けた。

民主改革の障害は、国民大会と立法院の万年委員・代表であったが、この問題は司法院大法官会議での第二六一号解釈で「第一期中央民意代表の任期問題についての憲法解釈」が六月二十一日に出され、民意代表は一九九一年十二月三十日までに職権行使を停止し、政府は適当な時期に全国的な第二回中央民意代表選挙を執行する事、とされた。

この後、六月二十八日から、李登輝総統は圓山大飯店に国是会議を招集した。この会議は、与野党の民意代表、地方代表、業界代表その他を網羅した各界を代表する百三十人余りの人々を招いて、それぞれの立場から、台湾の憲政改革や問題解決の道を述べてもらうものであった。

この会議を通じて得られたコンセンサスは、憲法への回帰、動員戡乱時期臨時条款の廃止、憲法修正の二段階方式、憲法修正を「増加修正条文」の名称で行うこと、全国民の投票によって総統を選出すること、などであった。当時の憲法改正は、立法院の四分の三以上の出席で四分の三以上の賛成による発議、もしくは国民大会代表総数の五分の一の発議で、国民大会の三分の二の出席と出席者の四分の三の賛成の議決で行うとされており、極めてハードルが高かった。しかし、国是会議で与野党のコンセンサスを得ればこの高いハードルを越えて、憲政改革を進めることができる見込みとなった。

なお、民意代表の多数は、一九四七年もしくは一九四八年に大陸および台湾で選出された人々であり、一九九〇年代の台湾の現状を代表する人々ではないので、第一段階の憲法修正では、これを入れ替える手続きを決めるにとどめる。これに基づいて選挙を実施して、今日の民意を反映する代表・委員が選出されたなら、第二段階として、それ以後の憲法体制の内容となる憲法修正を決定するという二段階方式をとることにした。

憲法改正手続きには、「憲法改正案は、国民大会開催の半年前に公告されなければならない」という規定があるので、李登輝総統は一九九一年四月に国民大会臨時大会を招集した。そこで、動員戡乱時期臨時条款を廃止するとともに、十一条からなる憲法増加修正条文を可決した。これによって、戦後、四十三年間つづいてきた内乱鎮圧のための国家非常時法が廃止されるとともに、この年の年末をもって国民大会の万年代表の任期を終了することとし、民意代表についての中華民国「自由地区」で総選挙を行うことが決定した。このほか、台湾海峡両岸の人民、つまり台湾の人々と大陸中国の人々の関係については、特別法をもって決定することが決まった。

なお、この五月十七日に、それまで政治犯逮捕の根拠としてしばしば用いられてきた懲治反乱条例の廃止を決定し、翌一九九二年五月十五日には、国体の破壊あるいは国土を毀損しようとし、または非合法の手段で憲法を変更し、または政府を転覆させようとして「実行着手したもの」は七年以上の有期徒刑とし、首謀者は無期徒刑とすることを定めた刑法百条を、「暴力又は脅迫によって実行しようとしたもの」へと変更した。これによって、「台湾独立」の主張をしても刑事犯にならないことになった。

つまり、台湾独立を主張して、ブラックリストに掲載されて帰国が不可能になっていた人々が、大手を振ってふるさと台湾に戻れることになったのである。

こうして、一九九一年十二月二十一日に第二期国民大会代表選挙が、そして一九九二年十二月十九日に第二期立法委員総選挙が実施された。国民大会も立法院も、台湾の民意を反映する構成に変わったのである。

次に、国民大会代表による間接選挙であった総統選挙についての改革が検討される。一九九〇年、九一年には、国民党としては、未だ「委任直選」という方向だったが、九二年三月五日に、党内の台湾本土派で李登輝総統支持派の集思会および外省人若手を中心とする反主流派の新国民党連戦という双方の国民大会代表および立法委員から、総統の直接民選に賛成の意向が示された。また、続く三月六日には、台湾の各レベルの議会の議長、副議長連合会が総統の直接民選の促進と国民大会の解散を要求した。しかしながら、総統直接民選に頑強に反対する国民党内保守派が存在したため、三月八日の国民党臨時中央常務委員会では、「総統直接民選」と「委任民選」を併記のまま総統の民選が決定された。

他方、野党の民進党は四月十九日に、「四一九総統直接民選」デモ行進を実施した。

さらに二年を経た一九九四年四月二十四日、馬英九ら党内保守派の抵抗が続く中、国民党の臨時中央常務委員会全体会議においてようやく憲法修正原則を含む総統直接民選案を可決した。こうして七月二十九日の国民代表大会臨時会議において、総統直接民選のための憲法修正案が成立し八月一日に公布された。

新たな制度では、総統選挙に立候補するために、直近の立法委員選挙で五％以上の得票をした政党の推薦を受けるか、同選挙における有権者総数の一・五％を超える署名を集めて立候補登録をしなければならない。実際には、総統選挙の実施は一九九六年三月であったが、その前年九五年の夏には、国民党の公認候補として李登輝・連戦が、民進党の公認候補として彭明敏・謝長廷が決定した。さらに秋からは林洋港、陳履安などの政党非公認候補が、総統選挙本選に立候補登録するための署名集めを開始した。

台湾で民主的な総統選挙の手続きが開始されると、北京の中華人民共和国はさまざまな選挙妨害の圧力を加えてきた。直接のきっかけは、九五年六月九日に、訪米した李登輝総統が留学先の母校であったコーネル大学で「民の欲するところ　常にわが心にあり（民之所欲、長在我心）」と題する講演を行ったことだった。この講演で、李登輝総統は民主改革の成果を英語で聴衆に語り掛けたが、講演が決定した六月七日から、中国は人民日報を始めとして李登輝攻撃をスタートさせ、各種マスコミを通じた李登輝国民党政権批判をしだいにエスカレートさせていく。

さらに人民解放軍は、同年七月二十一日から二十六日にかけて、台湾北方の彭佳嶼の近くで弾道ミサイル実験を実施した。さらに、八月から十一月にかけてミサイル発射を含む海軍演習、さらには陸海合同演習を実施。翌九六年には三月二十三日の総統選挙投票を前に、三月八日から十五日にかけて、基隆市と高雄市の港から二十五マイルから三十五マイルの地点、つまり中華民国の領海内に向けてミサイルを発射した。これに対抗して、アメリカが、空母インディペンデンスを中心とする艦隊と、さらには空母ニミッツを中心とする艦隊を台湾海峡付近に派遣すると、中国政府は、三月十八日から二十五日の海陸の模擬戦闘の計画を発表した。

このようなミサイル発射演習を伴う中国からの「文攻武嚇」、あからさまなマスコミ宣伝と武力行使による圧力の最中に、台湾初の直接民選による総統選挙戦が展開されたのである。

台湾の中華民国は、九一年末と九二年末の中華民国「自由地区」に限定された国民大会代表選挙、立法委員選挙の実施で、大陸中国と台湾とを包含する中国を代表する政権という建前の大半をすでに失っていた。しかし、一九九〇年に李登輝は、大陸で選出された万年代表を含む改選前の国民大会代表によって第八代総統に選出された。つまり、李登輝総統の存在が、中華民国が「中国」であるという虚構を維持する唯一の憲法上の根拠になっていた。それが九六年三月に、台湾の住民による直接民選で中華民国の総統が選出されると、それ以後の中華民国は、「中国」を代表する政権としての実質を失うことになる。一九四六年制定の中華民国憲法を維持することで、憲法体制としては「中国」を残しているが、政治の現実として、この総統選挙の実施は、中華民国を台湾化させ、「中国」から分離させる意味をもつものであった。

北京からの異常なまでの圧力の行使は、台湾の中華民国が、実質的に「中国」から分離独立することを阻止しようとする必死の抵抗であった。

しかし、アメリカのクリントン政権の決断と米海軍の迅速な対応もあって、九六年三月二十三日、第九代総統を選出する、中華民国初の総統直接民選は無事に行われ、七六％を超える高い投票率で、五四％、五百四十万票を得た李登輝・連戦の国民党ペアが、二一％、二百二十七万票余りを得票した民進党の彭明敏・謝長廷ペアを引き離して当選を決めた。

これに先立つ九四年には、中央直轄市の台北市と高雄市と、それら二つの市を除いた残りの部分である台湾省において、それぞれ市長と市議会議員、省長と省議会議員の選挙が実施されていた。したがって、一九九六年三月の総統直接民選の成功をもって、台湾の中華民国は、上は総統から、直轄市と台湾省、台湾省内の各県、各市の首長と議会の議員、さらには基層の自治体である郷、鎮、里に至るまで、国民ならびに住民による直接選挙で選出される、民主主義国家としての制度を完成させたのである。

以上のように、李登輝総統が進めた民主改革は、一発の銃弾も飛ばず、一人の死者も出さずに、「中国」としての中華民国をほぼ台湾化させることでもあった。まさに静かな革命（寧静革命）であった。これによって台北市、高雄市を除いた台湾省政府という存在は、統治領域として中華民国の中央政府とほとんど重複する存在となった。これは権限、人員、予算の重複を意味するので、一九九七年七月に第四次の憲法修正を行い、台湾省政府、議会を事実上凍結して、重複を取り除くことにした（詳細は第三章を参照のこと）。

また、一九九九年九月の国民大会では、第五次の憲法修正を決定して、現状の国民大会代表の任期を二〇〇〇年五月から二年間延長して二〇〇二年六月末までとし、九八年選出の立法委員の任期もこれと合うように延長して、国民大会代表と立法委員の任期を四年で揃えることとしていた。さらに、次期国民大会代表は、定数を三百に削減し、さらにその次の任期の国民大会代表は、定数を半減して百五十にし、なおかつ国民大会代表の選挙を廃止して、立法委員選挙の政党得票率に比例して配分する制度に変えることを決めた。

しかし、この案では自分たちの議決で自分たちの任期を二年一か月延長することになる。この「お手盛り任期延長」に対して世論の反発は大きかった。しかも、今回の憲法修正を実施すれば、その後は憲法修正の必要性が減るので、李登輝政権は、国民大会の非常設化を進めることとし、そのための憲法修正を決定する臨時国民大会を開催することにした。

四月二十四日の国民大会は、現任期をもって常設の国民大会を廃止し、これ以後は非常設化して、憲法修正もしくは領土修正が必要なときに選出、招集し、その任期は一か月に限定して、その案件が終了すれば解散する制度に変えることにした。これによって、次期の国民大会代表選挙は実施されないことになった。

また、中台関係を規定するため、李登輝総統は、一九九〇年一〇月七日に、総統の諮問機関として「国家統一委員会」を設置した。同委員会は、一九九一年二月二十三日に台湾と中国、つまり台湾海峡両岸の関係について検討して、「民主、自由、均富」の基礎の上で、台湾と中国の統一交渉ができるとした「国家統一綱領」をまとめ上げた。つまり、両岸がともに民主、自由を達成し、均富の状態になってから後に統一について相互に話し合うと規定することで、台湾と中国とで「一つの中国」を形成するという国民党の立場を確認したが、実は、共産党が指導する中国が「民主、自由」であるはずがなく、中国国内および台湾と中国の「均富」の実現可能性も極めて低かった。つまり、名称は「国家統一委員会」による「国家統一綱領」であるが、現実には、この条件で統一する可能性はなかった。中国共産党が中国共産党である限り、台湾と中国が統一に向けた話し合いをすることはないと規定したようなものであった。

李登輝政権下の経済発展と「両岸関係」

さて、李登輝政権では、一九九一年から九七年までの六年間に総額八兆二千億台湾元（当時の日本円でおよそ四十兆円）の巨費を投じる近代国家建設のための「六カ年計画」が実施された。その目玉が台北・高雄間およそ三百五十キロを時速三百キロ、最短一時間三十分ほどで結ぶ高速鉄道の建設であった。

台湾高速鉄道の工事は、当初、フランスとドイツを中心とする欧州連合が落札したが、一九九八年六月二日に欧州で脱線事故があったこと、九九年九月二十一日に台湾中部を震源とする台湾大地震があり、耐震性能に疑問が生じたことから再検討された。その結果、車両、線路、電力などは日本のJR東海・JR西日本共同の新幹線システムが採用されることになり、その他は欧州製という混合方式となった。李登輝政権は二〇〇〇年五月に政権交代となったため、工事は次の陳水扁政権へと引き継がれ、二〇〇七年一月にようやく一番列車の運行に漕ぎつけた。同年三月二日の営業運転開始以来、JR東海と基本設計が共通のT七〇〇系車両は信頼性が高く、定時運行が維持されているので、今日では、台北、桃園、台中、台南、高雄という台湾の主要都市を結ぶ主要交通路としてすっかり定着している。

また、都市交通システムについては、一九八八年十二月から工事が開始され、九六年三月に開通した木柵線を皮切りに順次完成、運行が行われるようになった。MRTとも称される捷運は、日本の地下鉄網のようなもので、しだいに路線数が増え、市内だけではなく今では桃園空港まで結ぶなど利便性も高まって、庶民の足となっている。また、その後は台北市だけではなく、高雄市、台中市ほかでも建設、運用されるようになった。

さらに、台湾経済発展において転機となったのは、大陸中国との経済交流関係の開始であった。蔣介石・蔣経国政権の時代には、接触しない、談判しない、妥協しない（不接触、不談判、不妥協）の「三不政策」にもとづき、経済交流を意味する「通商」、人的交流を意味する「通交」、そして郵便・通信を意味する「通郵」の「三通」も厳しく禁じていた。

今では想像できないが、台湾の人は大陸中国を訪問することができなかったし、大陸中国の人は台湾を訪れることができなかった。その要因は国共内戦の継続である。

国民政府軍と中国・人民解放軍の戦闘は、一九五〇年に概ね終息したが、その後も衝突が継続した。人民解放軍による大規模な攻撃としては、一九五八年八月二十三日からの金門砲撃戦がある。このとき、人民解放軍は金門島への上陸を目指し、三日間で四十万発を超える砲弾を金門島に打ち込んだ。国民政府軍は猛然と反撃したが、それに加えてアメリカが第七艦隊を台湾海峡に派遣し、支援するとともに金門島への物資輸送を確保した。人民解放軍は砲撃に加えて海軍艦艇や空軍の戦闘機も出動させ、本格的な戦闘を繰り広げたが、国民政府軍も海軍、地対空ミサイルなどの使用によってこれを撃退した。戦闘は二か月にわたって継続してから事実上終息した。

しかしながら、これ以後、人民解放軍は毎週月・水・金曜日に金門島に向けて砲撃する「隔日砲撃」を継続した。人家の少ない山間部などに向けた象徴的な砲撃であったが、これは一九七八年末まで二十年間継続した。つまり、一九七八年末まで戦闘は継続していたのである。この砲撃が停止されたのは、一九七九年一月一日の米中国交正常化による。

一方、一九四九年十二月の国民政府の台湾移転とともに台湾に渡った軍人、官僚や民間人とその家族は、時の経過とともに高齢化していた。こうした人々は、大陸の故郷に家族、親族を残してきた者も少なくないため、望郷の念、親族を訪ねたいという思いがしだいに募ることとなった。高齢化とともに、その思いも高まり、訪問が可能な残された時間もしだいに限られてきた。

金門島への隔日砲撃もすでに過去のものとなり、国共内戦が名目だけの存在となって久しい一九八七年七月十五日、蔣経国政権は長く続いてきた戒厳令を解除した。その後、高齢化する関係者への人道的配慮から、大陸に三親等以内の親族をもつ台湾の人々について、親族訪問（探親）を理由とする大陸訪問を許可することになった。その第一陣が一九八七年十一月二日となった。

その後、台湾の人々の大陸訪問は、「探親」に限らず商業、観光、学術、スポーツなどの分野へと拡大していく。

ただし、「三通」の禁止は継続していたため、台湾の人々は直航で中国へ行くことができず、当時は英国領であった香港や日本の空港や港湾を経由して移動しなければならなかった。つまり、香港や石垣島など第三国の空港、港湾で乗り継ぐ形をとって移動していた。

そのような制約の下であったが、中国が一九八四年から改革開放政策を本格化させ、一九九二年以後に経済規模の拡大を加速化させたことから、台湾の対中国取引は急速に拡大することになった。

一九八七年の台湾海峡両岸、すなわち台湾と中国との間の貿易総額は、十五億千五百万ドルであったが、十年目の一九九六年には二百三十七億八千七百万ドルへと、ほぼ十四・七倍に急増していた。

なお、当初の十年間における台湾の対外貿易に占める対中貿易の比率は、一・七一%から一〇・九五%へと増大している。一九九六年の対中輸出額が二百七億二千七百万ドルであるのに対して輸入総額は三十億六千万ドルなので、この間、貿易収支は一貫して台湾側の大幅黒字であった。

李登輝政権では、対中貿易が台湾の経済発展に有意義であったことを認めつつ、台湾の将来の安全のため、対中貿易が過熱して対中依存度が急速に高まることを懸念した。つまり、中台間で軍事的対立関係が後景に退くことは悪いことではないが、台湾経済の対中依存度が高まれば、経済関係を通じて台湾に政治的な圧力が加えられ、ひいては中国による台湾併呑への道となることを恐れたのである。

このため、一九九六年に李登輝総統は経済界に対して「戒急用忍（急ぐことを戒め、忍耐すること）」を呼び掛けた。合わせて中国以外の東南アジア各国との貿易関係の拡大を目指して「南向政策」を打ち出した。対外貿易、投資が中国一辺倒となることを防ぎ、多角化させようとしたのである。

しかしながら、一九九七年七月にタイ・バーツの変動相場制移行を契機として東南アジア金融危機が発生し、台湾経済にも影響が出るとともに、東南アジア諸国の経済が軒並み停滞する事態となった。このためもあって、台湾企業は「南向政策」に沿って東南アジアへの投資、取引を進めることにならず、中国へ向かう「西進」の傾向が加速されることになった。

李登輝総統時代の末期、一九九九年七月九日、ドイツのラジオ局ドイチュ・ヴェレのインタビューを受けた李登輝は、台湾と中国の関係を「国と国との関係、少なくとも特殊な国と国との関係」と表現した。これは、従来の中華民国政府の立場を逸脱したものではないかということで、国内外から大きな注目を集めた。とりわけ中華人民共和国政府は、この李登輝発言は、台湾が「中国」ではないという「二つの中国」もしくは「一つの台湾と一つの中国」が国家として対峙することを認めるもので、決して容認できないと激しく非難した。

北京政府の立場は、一九四九年の中華人民共和国の成立で、台湾はその不可分の一部となったというものである。その立場からは、中華民国はすでに存在しないが、かつては台湾と大陸中国を含む「一つの中国」として存在したことを認めている。したがって、中華民国を名乗る政治実体が、台湾に残存することは認めても良い。ただし、いずれにしても「中国は一つ」であって、「中国」とは別に「台湾」が国として存在することは絶対に認めない立場である。

したがって、李登輝政権が「国家統一委員会」を作り、「国家統一綱領」を掲げることは、中華民国が「一つの中国」原則を認めていることを示していた点でまだよかった。しかし、「特殊な国と国との関係」発言は、事実上、台湾が中国ではない可能性を示しており、台湾独立の主張の言い換えであるというのが、北京政府の解釈であった。つまり、李登輝は、「台湾独立」を主張したことは一度もなかったが、実は独立派であることを自ら暴露したものと受け止めたのである。

なお、李登輝政権下の一九九七年から、中学校の地歴・公民の授業内容が変更され、新しい教科書が導入された。それが「認識台湾」である。

戦後の五十年間、中華民国においては国史と言えば中国史、自国の地理といえば中国地理の授業を行い、それが大学入試の範囲だった。中国五千年の歴史を教えると、その中で台湾に触れる機会は非常に少ない。中国の地理の全てを学べば、台湾の中について学ぶ時間は短くなる。このため、始皇帝や劉邦、チンギスハンや康熙帝、乾隆帝については詳しくても、台湾のオランダ統治時代や鄭成功政権と施浪については知らないし、黄河と揚子江やエベレスト山を知っていても、濁水渓や烏山頭ダム、玉山や雪山について良く知らない国民ばかりを作ってきた。簡単に言えば、わが国で一番高い山はヒマラヤであり、一番長い川は揚子江だと教わっていたのである。つまり、中国人教育が行われていた。

そして、中国人教育は、反日教育でもあった。「中国」の立場からは、日清戦争の敵国が日本であり、その敗戦で台湾が割譲されたのであったし、日中戦争で八年戦った敵が日本であった。台湾を主体として見たとき、これらの歴史は違って見えてくる。

李登輝総統は、中国について学ぶことを止めたわけではないが、台湾について学ばせることにしたのである。

民進党陳水扁政権の誕生——初めての政権交代

陳水扁総統誕生の序章は、一九九八年十二月五日の台北市長選挙であった。陳水扁は九四年十二月三日の台北市長選挙で、得票率四三・七％、六十一万五千票で一位となり、市長に就任した。この選挙では、国民党から、それまで政府任命職だった現職市長の黄大洲が、また国民党から分派したばかりの新党から趙少康が立候補し、事実上三つ巴の闘いとなって、従来の国民党支持票が黄大洲と趙少康に二分された結果、いわば漁夫の利を得る形で陳水扁が当選した。

これに対して九八年の選挙でも、再選を目指す現職の民進党・陳水扁のほか、国民党から馬英九が、新党から王建煊が立候補し、前回と基本構図は同じであった。しかし、馬英九はさわやかなルックスと清新なイメージの国民党のホープであり、選挙戦では李登輝総統の直接的なバックアップを得た。馬英九の両親は大陸出身の、いわゆる外省人であり、父親は蔣介石とともに台湾へ来た国民政府軍の軍人であった。したがって、台北には比較的多く居住する外省人受けはよいが、本省人からは支持を得にくい。首都市政を奪還したい国民党、李登輝総統としては、省籍を超えた支持を集めるため、独自の「新台湾人」論を打ち出した。すなわち、台湾の選挙につきものの十万人を超える支持者を集めた「造勢会」の舞台上に立った李登輝が、馬英九候補を横にして、台湾の水を飲み、台湾の米を食べて育った者は皆、台湾人、あるいは「新台湾人」であると聴衆に訴えかけると、馬英九は、「そうです。新台湾人です」と応じたのである。また、時には李登輝総統は、自ら原住民の民族衣装を身にまとって、台湾人としての結束を訴えかけた。

新党はもともと国民党から分派した政党で、しかも、外省人の一世などが中心であったから、新党支持者でも馬英九であれば支持しやすかった。世論調査の結果として、新党の王建煊より国民党の馬英九がリードする状況が伝わると、国民党支持者はもとより新党支持者も、民進党の陳水扁の再選を許すより、馬英九が当選する方が望ましいという判断になる。台湾の選挙ではしばしば見られる、最も好ましい候補でなくても、どちらかといえば良い候補に投票することで、最も忌避すべき候補を落選させるという戦略的投票行動、いわゆる「棄保効能」の発動である。

この場合「棄王保馬」の声が有権者の中に広がって、王建煊の支持票が馬英九の票に上乗せされた。実際、同時に行われた台北市議会議員選挙で、新党候補の得票率は一八・六%、二十七万票余りであったが、台北市長選挙で王建煊の得票はわずかに二・七%、四万四千票で終わった。逆に台北市長選挙で、国民党の馬英九は五一%余り、七十七万六千票を得て当選した。陳水扁の得票は、およそ四六%、六十八万八千票であったから、その差は九万票ほどで、もし王建煊が市議選の新党の得票と同様に二十五万票ほどでも獲得すれば、おそらく馬英九の票が五十七万票ほどになって、陳水扁が再選されたであろう。

投票結果は、馬英九の個人的な人気の高さ、国民党系有権者に結束を呼び掛けた李登輝総統の選挙応援、そして「棄王保馬」の選挙民の投票行動の勝利であった。反対に、再選を阻止された陳水扁陣営としては、泣くに泣けない悔しい結果であった。

実は、この選挙では大都市台北らしく、すでにインターネットによる選挙支援が顕在化し、とりわけ若者の間にネット情報経由の民進党支持の動きが見られた。また、陳水扁をコミカルなキャラクターにデザイン化して、ニット帽の「扁帽」や肩掛けバッグなどにした選挙グッズが大人気となった。陳水扁陣営では、選挙事務所ならぬ「扁帽工廠」と名付けたグッズショップを設けると、選挙権のない高校生なども多数訪れ、台北の街角にはその帽子やバッグを身につけた若者が多数見られた。

こうした盛り上がりもあって、陳水扁の得票は、当選した前回を七万票余り上回っていたが、それでも落選した。

陳水扁の選挙本部前では、投票日の夕方から開票結果を待つ支持者が多数集まって、再選の祝賀を述べようとしていたところ、結果は敗北であった。その結果を知った支持者たちは、うなだれるのではなく「陳水扁総統！　陳水扁総統！」という叫び声を挙げた。つまり、台北市長選挙に落選したが、二〇〇〇年には総統選挙がある、台北市長に当選していれば二〇〇二年まで市長職にあって総統選挙には出馬が難しいが、フリーになったのだから、むしろ総統就任を目指そうではないか、という支持者の声が自然発生的に沸き上がったのである。

とはいえ、二〇〇〇年の総統選挙に向けては民進党でも公認獲得の争いが繰り広げられた。有力候補と目されたのは、陳水扁の他、元党主席の黄信介と九六年総統選挙の公認候補であった彭明敏である。それで一九九九年四月十五日に行われた予備選挙の結果、陳水扁が五八％を得票して、民進党の公認候補に決まった。

国民党では、李登輝総統の下で副総統兼行政院長を務めた連戦が、七月の国民党大会で順当に公認候補に選出された。この公認決定の場では、国民党内で他の候補が立候補する動きはなかった。しかし、その後、九八年まで台湾省長を務めていた宋楚瑜が、国民党を離れて無所属での立候補を決めた。

宋楚瑜には、九四年の省長選挙において、台湾省全体で得票率五六％、四百七十二万票を獲得した実績があり、知名度も高い。また、行政能力の高さが評価され、国民党支持者の間でも、連戦以上に期待感があった。このため、無所属立候補のために署名集めをしたところ、百万を超える署名をもって一月六日に届け出ることができた。実のところ秋から行われた、この署名活動そのものが、宋楚瑜にとっては総統選挙の選挙運動そのものであった。

こうして、二〇〇〇年三月十八日に投票が行われた、第二回目の総統直接民選は、実質的に、国民党の連戦、民進党の陳水扁と無所属の宋楚瑜の三者の闘いとなった。結果は、民進党の陳水扁が四百九十七万票、得票率三九・一％で、宋楚瑜の四百六十六万票、三六・八％を抑えて総統に当選した。国民党の連戦は、二百九十二万票、二三・一％で他の二者に引き離されて大敗した。

この選挙でも、九四年の台北市長選挙と同様、分裂選挙になっていなければ、国民党は優に七百万票以上、過半数を超える得票で勝利を収めたであろう。しかし、連戦と宋楚瑜の一本化に失敗した結果、中華民国史上初めて、選挙による平和裏の政権交代を実現する結果になったのである。

また、総統選挙で敗北した国民党は、公認候補が二位にも入らず政権を喪失することになったため、大きな衝撃を受けた。この政権交代は、李登輝が進めてきた民主化の結末であり、また前年の総統公認候補決定において、連戦への禅譲を図ったことが、もう一人の次世代実力者である宋楚瑜の国民党離脱を招き、支持票が二分されたことで政権を失う結果になったとして、国民党内から李登輝主席の判断を指弾する声が挙がった。言論による非難にとどまらず、総統公邸近くで李登輝が乗車した公用車が襲撃される事態にもなった。

この結果、李登輝総統は三月二十四日に国民党主席を辞任し、連戦指導の下で国民党は再建を図ることになった。翌年には、国民党は、史上初めて党員直接投票で党主席を選出することとし、有権者資格確認のために党員登記を求めた。そこで再登記を行わなかった李登輝らは国民党籍を失うことになった。二〇〇一年三月二十四日に行われた主席選挙には、連戦一人が候補者となって信任投票が行われ、九七％の支持で当選が確認された。この時の投票では、国民党員数は、およそ五十三万七千人であった。

他方、国民党内の李登輝支持派の一部は、その後、国民党を離脱して新党結成の準備を行い、八月十二日に台湾団結連盟を結成した。李登輝は精神的指導者として位置づけられ、党首には立法委員であった黄主文が就いた。

総統選挙で惜しくも次点に終わった宋楚瑜は、選挙時点では無所属であったが、その後ほどなく、三月三十一日に、元の国民党の台湾省議会議員などを核として、親民党を結成した。

陳水扁民進党政権による国民投票制度の導入

二〇〇〇年五月二十日、平和裏に政権交代を果たした民進党の陳水扁が、総統就任式典のため総統府前の特設壇上に立って、集まった民衆を前に「私の眼前には凱達格蘭大道が広がっていますが、ここは数年前には戒厳令で厳しく管理されていたところであり、私の後ろの建物はかつて植民地時代の総督府でした。今日、我々国民はここにこのように集まり、この土地の音楽と歌声をもって民主の栄光と喜びを歌い上げています」と政権交代の感激を語った。

中華民国自由地区の国民だけで初めて総統を選出したのが一九九六年であったが、二度目の国民直接選挙による総統選挙では、元来、台湾独立を主張してきた民進党の陳水扁が総統に選出された。このことは、李登輝総統が一九九九年七月にドイツのラジオ局に語った、両岸は「特殊な国と国との関係」という発言の意味を、さらに強化するものであった。もはや、民進党政府の中華民国が、中国共産党の中華人民共和国と「一つの中国」を形成しているとは、とても見えない状況となった。

政権交代を実現させた民進党であったが、立法院には、二百二十五議席中の七十議席、つまり三一％の議席しか保持していなかったので、陳水扁総統は、敢えて国民党の唐飛を行政院長（首相）に指名した。これによって、国民党の協力を得ながら議会運営を乗り切ろうと考えたのである。唐飛は行政院長就任を受諾したが、これは個人の意思であって国民党としての承認ではなかったため、議会運営は容易ではなかった。しかも、第四原子力発電所建設問題で、民進党は廃止を党議として決めており、議会でも廃止を進めようとしたが、唐飛も国民党も、第四原発の建設・営業運転促進の立場であった。原発建設という主要政策で、政府与党と行政院長の立場が異なったため、政権発足後四か月余りで、唐飛は行政院長を辞任する結末となった。

その後、民進党の張俊雄が行政院長に就任したが、議会運営には一貫して苦しんだ。

そうしたなか、二〇〇一年の立法委員選挙で、民進党は議席を増加させ、議会内第一党の座を確保した。すなわち、二〇〇一年十二月一日に投票が行われると、三六・六％の得票率で八十七議席を獲得し、三一・三％六十八議席の国民党に十九議席の差をつけて第一党となった。宋楚瑜の親民党は、二〇・三％で四十六議席、台湾団結連盟は八・五％の得票で十三議席を獲得した。

民進党としては、初めて立法院で第一党になったものの、台湾団結連盟の十三議席を加えても百議席であって、議会運営に必要な過半数には及ばなかった。

当時の選挙制度は、区域選挙区では定数一の選挙区もあれば定数十三の選挙区もあるという特殊な制度であったが、ほとんどの選挙区が定数三を超えており、その意味で二大政党が立法院の議席の過半数を争うというより、複数の政党が各選挙区で議席を分け合い、どの政党も単独過半数は得られないというものであった。

翌年、二〇〇二年八月、陳水扁総統は、台湾海峡両岸の関係を「一辺一国」と発言した。これは簡単にいえば、「それぞれ別の国」という意味である。一九四九年以来の国際社会における現実は、台湾の中華民国と大陸中国の中華人民共和国とが一つの国ではなく、別の国であるのは客観的事実であったが、二つの当事者はこれを認めなかった。変化の兆しは、一九九九年七月の李登輝総統の「特殊な国と国」発言である。それを一歩進めたのが、陳水扁発言であった。

従来、国連の中国代表権問題でも、台湾と中国の同時加盟が模索されたこともあったが、両当事者が強硬にこれに反対して、いずれもが「中国」を代表する政府だと主張してやまなかった。しかし、当事者の一方である、台湾の陳水扁政権が、台湾としては別の国だと思っていると述べたのであった。

民進党の陳水扁政権の自己認識としては、台湾は台湾であって中国ではないというのが本音である。だから、台湾の中華民国に係るさまざまな組織や機関の名称に「中国」あるいは「中華」が冠せられているのは正しくなく、「台湾」と名乗るのが正しいという考えだった。この考えに沿って、「中国」や「中華」がついた各種組織、機関の名称を「台湾」に変えることを「正名運動」と称して推進することになった。蔣介石個人の名前「中正」を用いるのも国の施設においては正しくないから変えようということになった。

こうして、「中国石油」会社は「中油」に、「中国造船」は「台湾国際造船」に、さらに「中華郵政」は「台湾郵政」に替えられた（ただし、台湾郵政については、馬英九政権に政権交代後の二〇〇八年八月に中華郵政に戻された）。また、「中華民国パスポート」の表紙に「TAIWAN」の表記を加えた。「中正国際空港」は「桃園国際空港」に、蔣介石メモリアルホールである「中正紀念堂」は「台湾民主紀念館」に変更された（これも、後から中正紀念堂に戻された）。

ところで陳水扁政権は、中国との経済関係については、李登輝政権時代より積極的に対応した。すなわち、台湾の経済界の要望に合わせて、李登輝総統の「戒急用忍」政策を見直して「積極開放、有効管理」政策に切り替えた。元来、民進党は、いわゆる「独立派」とされ、台湾が中国の一部であるという「一つの中国」の立場をとらず、台湾は台湾として自立すべきで、将来的にも中国との統一を考えてはいない。しかし、台湾とは別の国家、別の実体と経済関係を持つことは可能である。国民党政権が、「一つの中国」原則をめぐって戦っているから交流、交渉ができないというのとは違う立場にあった。それゆえ、中国との統一反対である民進党政権の八年間に、急速に台湾の対中経済関係は深化することになる。

実際、陳水扁政権末期の二〇〇七年には、一年間に大陸を訪問した台湾人は四百九十五万人に及び、およそ百万人が「台商」と呼ばれる、大陸中国でのビジネスのための長期滞在者となった。大陸に投資している台湾企業は、この段階で六万社に達した。この年の、台湾から中国への輸出は一〇三〇億米ドル、輸入は二九九億米ドルで、台湾側の大幅な輸出超過であった。

このほか、第一期の陳水扁政権が進めた政策の一つが、公民投票制度の導入であった。一般的な用語に置き換えれば「国民投票」「住民投票」の制度である。従来、台湾の中華民国では、憲法改正など重要事項の決定は、国民大会に委ねられていた。これは、台湾と大陸中国全体を統治する中華民国では、全国民による国民投票は困難だから地域ごとの選挙で選んだ代表による間接民主主義を選択していた。しかし、「自由地区」だけの中華民国では、国民投票実施も可能である。また李登輝政権時代から、台湾を統治する制度に切り替えてきたから、国民大会は廃止の方向なので、憲法改正その他を国民投票に委ねることは、民主化の完成のためにも、当然であった。

こうして、陳水扁総統の意向に沿って、二〇〇三年十一月に「公民投票法」が成立した。陳水扁政権では、せっかく成立した公民投票の制度を、早速、実施しようとした。台湾の「公民投票」の実施には、二つの手順が用意されていた。その一つは、国家の危機的事態において、国家防衛のための重大な決定を、総統の発議によって公民投票にかけるというもの、もう一つは、一定数の国民の発議に基づいて、所定の期間内に総統選挙の選挙人數の五％以上の署名を集めた場合に公民投票を実施するものであった。

公民投票法の成立が二〇〇三年十一月で、次の総統選挙が三月二十日であったから、署名方式での公民投票の実施は難しかった。そこで、陳水扁政権では、国家的危機の際の国家の防衛に係る事項として、総統選挙と同日で、史上初の公民投票を実施した。

さて、民進党の陳水扁が二期目の政権担当を目指す二〇〇四年の総統選挙には、国民党の連戦と親民党の宋楚瑜が正副総統ペアを組んで対抗することになった。元来、政党推薦候補は、直近の国政選挙で得票率が五％を超えた一つの政党から、正副総統ペアを立候補させる制度であった。二つの政党が組んで、一方から総統候補を、他方から副総統候補を出し、その反対の組合せも推薦して二組のペアを立候補させることはできない規定であった。しかし、立法委員選挙の得票率が、二つ合わせて五％超の二つの政党が、一組だけ正副総統候補を立候補させることは禁じていなかった。このため、連戦・宋楚瑜のような総統・副総統候補の立候補が政党推薦で可能だったのである。

総統選挙は接戦のまま最終盤にさしかかったが、投票日前日の三月十九日、一台のジープに同乗して台南の市内を回っていた民進党の陳水扁・呂秀蓮の正副総統ペアが銃撃を受ける事件が起きた。当然、二人はただちに病院に向ったが、幸いにして二人とも軽傷であった。しかしながら、その日の選挙運動は、これ以後中止となった。つまり、普通であれば、選挙戦のクライマックスとして最大の盛り上がりを見せるはずの投票日前夜は、夕方から何も行われないことになった。

非常事態ではあったが、総統選挙は予定通り翌日に投票が行われた。結果は、投票率七三・一一％で、前回二〇〇〇年の六九・八六％を上回って、有権者国民が投票所に足を運んだことがうかがえる。また、与野党一騎打ちとなった選挙で、与党、民進党の陳水扁ペアは、五〇・一一％の六百四十七万票余りを得票して、四九・八九％、六百四十四万票を得た連戦・宋楚瑜ペアにわずか〇・二二％の差をもって、再選を決めた。

僅少差ではあったが、単独過半数の得票は、民進党として史上初の快挙であった。

また、同時に行われた「防御性公民投票」について、陳水扁の主張は「中国が、台湾と国交のある国々との関係を切り崩して国際活動の場を奪い『台湾の香港マカオ化』を進めていること、中国メディアによる攻撃と武力威嚇による『文攻武嚇』を繰り返し、ミサイルを増強し、台湾の経済的孤立を図っていることは、『外的な要因で国家主権変更の危機が迫った時』に該当する」というもので、公民投票法第十七条による実施を決めた。このとき、投票にかけられた案件は二つで、一つは中国が台湾に照準を合わせたミサイルを撤去せず、台湾に対する武力使用を放棄しない場合「あなたは政府がミサイル防衛設備を追加購入し台湾が自主防衛能力を強化することに賛成しますか」というもので、二つ目は、政府が中国と交渉を進め、台湾海峡両岸の平和と安定のため「相互連動の構造を確立し、両岸のコンセンサスと人民の福祉を追求することに賛成しますか」というものだった。

いずれも、特に反対すべき内容ではないし、成立したところで政府の行動が特に変わるものでもない。しかし、公民投票で二つの案に国民過半数の支持を得られれば、陳水扁政権に対する信認の意味を持つ。それを、総統選挙と同時に行うことで、民進党としては総統選挙での得票増につながる可能性があった。国民党としては、内容そのものに反対することが困難なため、支持者に対して「棄権」を呼び掛けた。つまり、総統選挙では、国民党候補に投票し、公民投票では、投票用紙を受け取らないことを求めたのである。

この公民投票法では、有権者の過半数の投票と投票者の過半数の賛成があった時に成立すると規定していた。したがって、棄権が増えればそれだけで提案は否決される。結果は、投票者中では第一案賛成が九一・八%、第二案賛成は九二・一%で、いずれも圧倒的多数が支持したが、投票率がそれぞれ四五・二%と四五・一%で、両案とも否決された。総統選挙の投票率が八〇%に達していたのに公民投票の投票率が四五%というのは、国民党支持者の多数が棄権に回った結果である。

つまり、陳水扁政権としては、民主主義の強化の手法として公民投票を導入したが、実施された公民投票は民意の表出ではなく政党支持を表明する政争の具に終わった。

二期目の陳水扁政権は、この他の憲法修正にも取り組んだ。すなわち、八月二十三日、立法院では、立法委員の定数を二百二十五人から百十三人に半減すること、選挙制度については従来の中選挙区的な制度を変えて小選挙区比例代表並立制で、有権者が小選挙区と比例代表区それぞれに一票ずつ投票する方式とすること、さらに憲法改正について立法院の発議を国民投票による方式に改め、国民大会を廃止する憲法修正を進めた。

この時点で、憲法修正には、非常設化された国民大会を招集して、国民大会で可決させる必要があった。そこで、二〇〇五年五月十四日に政党比例代表によって非常設の国民大会代表を選出し、六月七日に国民大会を開催した。つまり、国民大会を廃止するための国民大会を招集したのである。この場において、四分の三以上の賛成を得て、先に述べた三点を含む憲法修正案を可決した。

その間の二〇〇四年十二月には、立法委員総選挙が実施された。再選された陳水扁政権としては、議会の多数の支持を得るため、この選挙での勝利が必要であった。

選挙の結果、民進党は三五・七％の得票率で八十九議席を獲得し、前回より一議席を加えた。国民党は、三二・八％の得票率で、十一議席を加えて七十九議席を獲得した。他方、宋楚瑜の親民党は、一三・九％で三十四議席にとどまり、議席数十二議席減と大きく落ち込む結果となった。また、台湾団結連盟は微減という結果であった。なお、張博雅が党首を務める無党団結連盟が結成され、三・六％の得票で六議席を獲得した。

いずれにしても、民進党は、議会内少数与党の立場を脱却することができなかった。

正名運動の展開など、台湾は台湾であって中国ではないという立場をとる陳水扁政権の再選に対して、中国は、法的措置で対抗しようとした。すなわち、二〇〇四年十二月、第十回全人大常務委員会は、「反国家分裂法」草案を発表し、その法制化を宣言した。審議の結果として、二〇〇五年三月十四日、賛成二八九六、反対ゼロ、棄権二をもって、「反国家分裂法」が制定された。同法によれば、世界に中国は一つしかなく、中国の主権は分割することができないとした上で、国家主権を維持し領土を保つことは台湾同胞を含む中国人民の共同の義務である。また、第五条は、平和統一によって台湾が統一されたのちには、台湾は大陸とは異なる制度による高度な自治を認められるとして、「一国二制度」を認めた。しかし、第八条において、台湾が中国から分裂しようとしたり、台湾を中国から分裂させるような重大事件が発生したり、平和統一の可能性が完全に喪失した場合には、中国は「非平和的な手段を含む必要な措置を講じて」国家の主権と領土を守る、と定めている。特に、この最後の項目は、武力行使を辞さないことを意味するが、武力発動の三つ目の条件では、何をもって平和統一の可能性が完全に喪失したと判断するのか、中国政府に委ねられるため、台湾にとって大きな脅威となる法制であった。

これに対して、陳水扁政権は、国家統一綱領と国家統一委員会の事実上の廃止をもって応じた。もともとこれら二者は、立法院で制定した法に基づくものではないため、総統府内で総統が主宰する「国家安全会議」において、二〇〇六年二月二十七日をもって国家統一委員会を「運用停止」することと、国家統一綱領を「適用終了」することを決定した。いずれも、廃止消滅としなかったのは、野党国民党やアメリカ政府からの批判、懸念があったからで、中国の反国家統一法を意識して、「平和統一の可能性が完全に喪失した」と判断されないためである。しかしながら、陳水扁政権としては、台湾海峡両岸において「民主、自由、均富」という条件が成立すれば、将来の統一に向けた話し合いを行うという国家統一綱領を「運用停止」とすることで、台湾は台湾であって、「一つの中国」の一部ではないという、民進党政権の立場を、敢えて示したのであった。

なお、二〇〇八年に成立した国民党の馬英九政権は、「一つの中国」の共通認識を前提に、対中関係の改善を図ったが、「国家統一綱領」と「国家統一委員会」の「適用再開」や「運用再開」は行わなかった。

陳水扁総統周辺の汚職追及

陳水扁政権の二期目の後半になると、総統の女婿・趙建銘の汚職、総統夫人・呉淑珍のそごうデパート商品券問題、総統府の機密費問題その他、総統の周辺で金銭に関わる疑惑が次々に噴出し、陳水扁総統の支持率は急速に低下した。立法院では、国民党と親民党の協力により、陳水扁総統の不信任決議案が提出されたが、その成立には三分の二の賛成が必要であり、民進党委員の反対によって否決された。

民進党政権としては、こうした政局を打開するために、公民投票を活用しようとした。すなわち、通常の手続きで公民投票を実施するために、手続き開始のための署名活動と、公民投票実施のための署名活動という二段階の署名活動を行った。特に第二段階の署名活動は、台湾全土で、六か月以内に八十二万五千人あまりの署名を集めなければならないため、総統選挙に近いような政治的アピールを行うことになる。民進党政府としては、公民投票への支持獲得運動を通じて、政権支持の世論を巻き起こそうとした。

これ以後、陳水扁政権下では、二〇〇八年一月に立法委員の総選挙、三月に総統選挙が予定されていたから、公民投票実施のチャンスが二度あった。そこで、まず一月の立法委員選挙と同日の公民投票案として、民進党と台湾団結連盟が二〇〇六年六月十三日に提起したのが、「政党不当取得財産処理条例」の制定であった。両党は、日本統治時代の日本及び日本人の公的、私的財産を国民党が不当に取得したことを追求していたが、立法院では国民党系が多数のため条例制定ができなかった。そこで一般国民に訴えて、公民投票で賛成を得ようとしたものである。第一段階の署名は、八月二十日までに達成した。

これに対して元民進党主席の施明徳が、台北の中心部で「百万人民倒扁運動」という、陳水扁総統攻撃の街頭運動を始め、総統に自主的辞任を求めた。この運動を支持する国民に対して、八月十二日から、身分証明書番号を提示して一人百元（およそ三百五十円）寄付しようと呼びかけたところ、十日間で百三十万人が賛同し、最終的には一億一千万元が集まった。その後、九月九日には、総統府前の凱達格蘭大通りと台北駅前に群衆が座り込んで、示威行動に及んだ。運動参加者は赤いシャツを着ていたので、「赤シャツ軍団」とも呼ばれたが、一時は台北中心部が真っ赤に染まったかのようだった。しかしながら、十月に入ると参加者数が減少して、半ば過ぎには終息に向かった。

以上の陳水扁政権打倒運動と連動するかたちで、国民党が「反汚職および政策決定失敗責任追及」の公民投票を提起し、九月十五日から第一段階の署名に入った。わずか一週間ほどで一三八、一五八人の署名が集まったとして、中央選挙委員会に届け出を行った。その審査を終えて、国民党案は年明けから第二段階の署名を始めることとなった。一方、民進党案は一月二十五日から第二段階の署名を開始した。民進党は六月末まで署名運動を継続して、百四十万人分を集めて中央選挙委員会に提出した。また、国民党からも七月二日には提出された。こうして両案ともに、二〇〇八年一月十二日の立法委員総選挙と同時に投票が行われることが決まった。

以上の署名集めが進行しているさなか、民進党では二〇〇七年三月から「台湾名義で国連への加盟を目指す」国民投票の実施のための第一段階の署名を開始した。これに対して、国民党も、六月末に、「実務的で弾力的な戦術で、国連復帰およびその他国際機関への加盟を推進する」公民投票案の第一段階の署名を開始した。民進党は、五月末までに所定数を集めて中央選管に提出しており、国民党は七月末に所定数を集めて提出した。双方とも八月には第二段階の署名に入り、国民党は十一月十五日に百五十万人余りの署名を添えて、民進党では二百七十二万人の署名を添えて、それぞれ中央選管に提出した。ただし両者の公民投票の実施が正式に公告されたのは、立法委員選挙と公民投票が終了した後の二月一日であり、両案ともに三月二十二日の総統選挙と同日で公民投票が実施されることとなった。

このように、二〇〇六年六月から始まった民進党、台連の公民投票のための第一次署名、その夏の「赤シャツ軍団」、九月からの国民党の第一次署名、さらに二〇〇七年一月からの双方の第二次署名、次いで三月からの民進党の別案の第一次署名、五月からの国民党の別案の第一次署名、そして八月からの両者の第二次署名と、台湾社会ではほぼ連続して両陣営の政治的主張が署名集めの形でアピールされていた。これに、二〇〇七年春以後は、翌年一月の立法委員選挙と、三月の総統選挙に向けて、各党の選挙運動が重なり合って進められた。台湾は、この一年半、常に民進党と台湾団結連盟のいわゆる緑陣営と、国民党と親民党のいわゆる藍陣営の政治的主張で溢れかえり、世論が二つに分断される状態が継続した。

さて、一月十二日の立法委員選挙の結果は、五二・四％の過半数を得票して百十三議席中の八十一議席を得た国民党の圧勝であった。これは全体の七割を超える議席である。一方、与党民進党は三七・五％の得票で二十七議席、四分の一以下の議席となった。親民党は一議席、台湾団結連盟はゼロ議席という結果に終わった。選挙制度改革は、国民党に利益を与えるだけの結果になった。

民進党が仕掛けた不当な党資産追求の公民投票は、投票者中の九一％が賛成したが、投票率が二六・三％にとどまって否決、国民党が仕掛けた汚職と政策失敗追求の公民投票は、投票者中の五八％が賛成したが、これも投票率が二六％にとどまって否決された。

三月の総統選挙は、国民党と民進党の一騎打ちとなったが、民進党の陳水扁総統は、二期八年を終えたので再選を目指すことはできず、国民党も二連敗の連戦候補が退いたので、二大政党は新たな候補を立てての闘いとなった。投票の結果は、国民党の馬英九候補が五八・五％、およそ七百六十六万票を得票して当選、民進党の謝長廷候補は四一・六％、およそ五百四十四万票の得票で落選した。

同日に行われた公民投票の結果は、民進党の提案した台湾の名義での国連加盟案には九四％という高い支持を得たが投票率が三六・八％にとどまって不成立、国民党の提案した柔軟な手法で国連に復帰し国際組織に加盟する案は八七％が支持したが、これも三五・七％の投票率にとどまって不成立に終わった。

実は、選挙において民進党候補に票を投じた人の比率と、民進党提案の公民投票案に賛成票を入れた人の比率、選挙において国民党候補に票を投じた人の比率と、国民党提案の公民投票案に賛成票を入れた人の比率が、選挙区単位で調べるとほぼ一致している。つまり、二〇〇四年と二〇〇八年の公民投票は、政党支持への忠誠度を測る結果になっただけで、それぞれの提案に対する国民の支持を表明する機会にはならなかった。

また、民進党は、公民投票のための署名活動を通して支持を掘り起こそうとしたが、国民党の対案戦術のため効果が減殺されて、二〇〇六年夏から高まった政権批判の潮流を変えることはできずに大敗し、政権を去ることになった。選挙による政権交代を中華民国史上初めて実現した民進党にとって、初めての政権運営の経験は、苦い後味を残すことになった。

馬英九国民党政権の対中接近と対日関係

しかし二〇〇八年の国民党の圧勝は、かつての「大陸反攻、復興中華」を唱えた国民党に対する台湾国民の支持回復ではない。台湾の世論において、李登輝時代から陳水扁時代を経て台湾アイデンティティが上昇し、中国人意識は徐々に低下していたからである。

立法委員の総改選が初めて行われた一九九二年には自分は中国人であると認識していた国民は

二五％であったが、李登輝政権末期の一九九九年には一二％台まで半減し、二〇〇八年には四％となった。これに対して自分は台湾人であると認識する国民は、九二年の一七％が九九年には三九％、二〇〇八年には四八％にまで増加した。

また、台湾は中国と統一すべきだと考えている国民は、九二年には二一％ほどであったが、九九年には一七％ほど、二〇〇八年には一一％ほどへと減少した。他方、独立すべきだと考える国民は、九二年の一一％から九九年の一五％、二〇〇八年には二三％ほどへと倍増している。また、永遠の現状維持派が、九二年には約一〇％であったが、九九年には一九％、二〇〇八年には二二％と上昇した（国立政治大學選挙研究センターの世論調査の数字による）。

その後も、基本的に台湾アイデンティティの上昇、独立もしくは永遠の現状維持派の増加では一貫している。二〇一九年六月には、統一派約一〇％、独立派約二六％、永遠に現状維持派は二七％である。つまり、統一派がこの十年でさらに減少し、統一に反対の国民は過半数を超えるに至った。残りは当面は現状維持で、将来において決めるという人々である。

総統選挙に勝利した馬英九国民党は、ただちに対中関係の改善に動いた。総統就任式前の四月十二日に中国の海南島で開催された博鰲アジアフォーラムに、副総統に当選した蕭萬長が出席し、中華人民共和国の胡錦涛国家主席と会談した。五月二十日に馬英九総統の就任式が行われると、直後の五月二十六日、国民党主席の呉伯雄が訪中し、胡錦涛中国共産党総書記と会談した。この国共両党の首脳会議は、二〇〇六年四月に当時国民党主席の連戦が胡錦涛と会談して以来であるが、双方が政権与党という立場で行われた初めての会談となった。いわば第三次国共合作の確認である。

さらに六月十一日からは、台湾側の対中窓口機関である海峡交流基金会董事長の江丙坤が訪中し、中国側の窓口機関である海峡両岸関係協会会長の陳雲林と、北京の釣魚台で会談をもった。釣魚台は、中国政府の迎賓館であり、江丙坤は国家の賓客として扱われたことになる。これは、李登輝政権末期に、李登輝総統の「特殊な国と国」発言で途絶えた中台間の公式交渉の再開を意味した。こうして六月十二日、馬英九政権発足からわずか三週間ほどで、中台関係は修復され、チャーター便による直航開始が決定した。これは、それまでの台湾の対中三不政策の公式の撤回であった。これ以後、中台間では、航空機、船舶で直接の往来が可能になり、人的往来と経済交流が急速に拡大することになった。

当初は、台湾は中国から一週間に二千人の観光客を受け入れるという枠組みでスタートしたが、この枠はしだいに拡大され、二〇一五年には一日一万四千人にまで拡大した。

なお、中台関係緩和の前提は、いわゆる「九二年のコンセンサス」を両岸双方が認めることであった。これは戦後一貫して断絶してきた国民党の中華民国と共産党の中華人民共和国が交渉を開始するにあたり、一九九二年に香港で準備会議を開催したときの「コンセンサス」とされる。すなわち中国は一つであり、大陸も台湾もその「中国」に属しているという「一つの中国」原則を認める一方、その「中国」が何を指すのかについては、台湾側は中華民国だと主張していたし、北京側は中華人民共和国だと主張した。しかしその違いを承知の上で、双方の話し合いを進めることにした。そこで、「一つの中国」原則では一致しているが、「中国」の中身については一致しなくて良い、という二点の合意があったというのが国民党のいう「九二年のコンセンサス」である。これが二〇〇〇年の大陸委員会主任委員であった蘇起の発言であり、馬英九政権は、これを「一つの中国、各自表述」と称した。

しかし、実際には「一つの中国」原則では合意があったが、中国共産党は、その「中国」は中華民国だという台湾の主張を認めたことはなく、食い違いがあるまま話し合いを進めただけである。したがって馬英九政権の「一つの中国、各自表述」は、前半については「共識」があるが、後半については「共識」はないのである。中国は、中華民国の存続を決して認めない。しかし、馬英九政権は、自ら主張する「九二共識」が両岸双方の合意だという虚構の上に、中台の緊密化を図っていった。

なお、馬英九総統は、対外政策として、二〇〇八年八月四日に、「活路外交」の方針を明らかにした。すなわち、台湾は国際生存空間の拡大を目指すが、中国との「悪性競争」をすることなく、トラブルメーカーではなくピースメーカーとして行動すると宣言した。

馬英九政権が発足した時、世界二百カ国のうちで台湾の中華民国と国交を結んでいた国は二十二カ国であり、これは李登輝政権末の二十三カ国から、陳水扁政権の二〇〇一年にマケドニアが国交断絶となった状態を引き継いだものである。そして、馬政権の八年間には、中国の干渉で国交国が減ることはなかった。かといって一カ国でも増えることもなかった。

馬英九の活路外交は、対中関係の緊密化と相まって一定の成果を収めた。その象徴が世界保健機関（WHO）の年次総会、WHAへの台湾のオブザーバー参加が可能になったことである。つまり、国連関連団体を始めとして、中国が加盟している国際機関には、台湾はほとんど参加することができなかったが、中国が拒否しないことで、世界保健機関の年次総会への参加が実現した。しかし、これは馬英九政権限りの特例となり、それ以前に出席できなかったばかりでなく、二〇一六年に蔡英文政権が誕生すると出席できない状態となった。

さて、馬英九は八月四日の演説で、六月十日未明に尖閣諸島・魚釣島沖の日本の領海で台湾の遊漁船「聯合号」が、取締りにあたっていた海上保安庁の巡視船「こしき」と衝突して沈没した事件についても触れた。この事件で一時緊張した日台関係についても、台湾側にも死傷者がなく、関係者の努力で事態が鎮静化したことをうけ、馬総統は、「知日派」「友日派」になることを希望すると述べた。

この事件では、事態紛糾のさなかに立法院で国民党の陳根徳立法委員が、馬英九総統はかつて釣魚島の主権擁護のために「一戦も惜しまず」と発言したが、行政院はいまもそういう態度なのかという質問があり、劉兆玄行政院長は、「一戦を惜しまず」というのは最後の段階のことだが「そのとおり（是）」だと答える一幕があった。また、六月十七日には、馬英九総統が記者会見で、「わが国の領土、わが国の領海であれば、われわれが行くべき時には行くのであり、その立場は極めてはっきりしている」と述べ、尖閣諸島が中華民国の領土であるとの見解を改めて明確にしていた。ただし、劉行政院長から、「当面のあいだ漁民は尖閣諸島の海域に入らないように」との発言があった。

しかし八月四日に、日本からの参議院議員団と会見した馬総統は「我々は毎回日本語が上手な総統を選出することはできないが、日本と非常に友好的な政府と政権メンバーを持つことは必ずできる」と述べ、対日関係の修復と発展の意向を明示した。

二〇〇八年十月、馬英九総統は「台日特別パートナーシップ（Taiwan-Japan Special Partnership）」を打ち出した。それまで、日台関係は歴史的な経過によって、自然のうちに良好な関係が保たれてきたが、馬英九政権では、「聯合号」事件で日台間に波風が立ったため、改めてこのような政策を打ち出して関係改善の姿勢を示したのである。馬総統は、日台関係は、歴史的な特殊なつながりと、現代における経済的人的交流の特別な緊密さ、文化交流、教育交流、政治交流はいずれも他の二国間関係と比較して密接である、と指摘した。

馬英九政権の時期に進んだ日台間の関係強化の事例としては、二〇〇九年から年間二〇〇〇人のワーキングホリデーの開始、二〇一〇年十月からの東京の羽田空港と台北の松山空港の定期便のスタート、同年の台湾の台北駐日経済文化代表処の札幌支所の開設、その後の投資協定や二重課税防止の税務協定の締結などが挙げられる。「聯合号」問題にも直接関わる尖閣海域での漁業権については、二〇一三年四月十日に、日台民間漁業協定が締結され、一応の解決が得られている。

なお、中台関係については、海峡両岸交流基金会と海峡両岸関係協会の公式協議を積み重ね、毎年、首脳が相互訪問を繰り返すなかで、両岸経済協力枠組協定（海峡兩岸經濟合作架構協議 Cross-Straits Economic Cooperation Framework Agreement：ＥＣＦＡ）が二〇一〇年六月二十九日に締結された。これは中台間の自由貿易協定であり、石油化学、機械、繊維製品などの相互の貿易に関して関税を引き下げ、経済交流を拡大させる協定である。前倒しで一部実施しつつ、二〇一一年三月から、物品貿易協議を開始したが、二〇一五年十一月二十五日に第十二次協議が行われてから停止して、今日まで合意には至っていない。

「ひまわり学生運動」と台湾アイデンティティの高揚

馬英九政権の下で内政上進められたことに、中央直轄市の増大があった。すでに述べたとおり、当初、中央直轄市となったのは台北市一つであり、後に、一九七九年から高雄市が加えられていた。その後、馬英九政権の二〇一〇年には、五大都市となり、その範囲も大幅に変更があった。

この結果、台湾全体の人口のうち過半数が五大直轄市に居住する状態になった。各市は財政規模が大きくなるだけではなく、行政権も拡大して、自主自立性が高まり、それぞれ独自に都市の魅力を磨くこととなった。

二〇一〇年十一月二十七日に行われた市長選挙の結果は、台北市では国民党の郝龍斌が再選され、新北市では国民党の朱立倫が初めて当選、台中市では国民党の胡志強が再選され、台南市では民進党の頼清徳が初めて当選、高雄市では民進党の陳菊が再選された。つまり、五大直轄市の市長選挙では、北側の三市で国民党が、南側の二市で民進党が勝利した。しかし、五大都市の合計得票数では、国民党の三百三十七万票に対して民進党が三百七十七万票で、民進党が四十万票も上回っていた。

その前年、二〇〇九年に行われた五大直轄市以外の県市長選挙では、十七の県市で選挙が行われ、国民党が十二人、民進党が四人、無所属が一人当選という結果であったものの、合計得票では、国民党の二百九万票に対して民進党が百九十八万票で、その差はわずかに十一万票であった。つまり、二〇〇九年と二〇一〇年の市長・県長選挙の得票を合計してみると、民進党のほうが二十九万票上回っていた。

これは、国民党が勝利した県・市では接戦での勝利が多く、民進党が勝利した県・市は民進党の圧勝が多かったということである。

なお、二〇一二年に行われた、馬英九総統の再選をかけた総統選挙には、民進党は、初の女性候補、蔡英文を立て、これとは別に親民党の宋楚瑜が署名を集めて立候補した。

民進党としては、二〇一〇年の五大都市選挙の流れを二〇一二年の総統選挙に引き継ぐという期待感に加えて、選挙戦で李登輝元総統が蔡英文総統支持を打ち出し、投票日前夜の大集会の壇上に姿を見せて、わが娘のように蔡英文候補を抱きしめ、台湾の未来を託したというシーンもあったので、さらに勝利に近づいたかのようだった。

しかし、選挙結果は、国民党の馬英九が六百八十九万票、五一・六％を得票して、六百九万票、四五・六％の蔡英文に八十万票差をつけて再選を決めた。

民進党敗北の要因として、中台関係から利益を得てきた企業関係者たちが馬英九再選を支持したばかりでなく、民進党内部で、公認候補予備選挙の対立が尾を引いて、蔡英文候補支持で一致団結し全力で選挙戦を戦う態勢になかったことが指摘されている。

その後二〇一四年には桃園市が直轄市に昇格して六大都市となり、台湾の人口の七割が直轄市に居住する状態となった。その市長選挙については、後述する。なお、直轄市の六人都市化については、第三章に詳しく論じている。

さて、馬英九政権下で、中台関係が接近したことは間違いなかった。二〇〇八年以来の直航の許可で、相互の行き来は格段に簡単になり、商品の輸出入も容易になり、何よりも台湾を訪れる中国人観光客が急増して、台湾の景気を押し上げる効果があった。しかし、その大半は団体旅行客であり、一定のルートで台湾を回るので、乗車するバスも、宿泊するホテルも、食事をするレストランも、買い物をするお土産屋も、一部のグループに独占されて、一般の台湾の商店やバス会社、ホテル、レストランにはメリットがなかった。つまり、中国と結託している政商が利益を上げているだけで、一般の台湾人には恩恵が回ってくることはなく、しだいに一般の台湾人の不満が高まっていった。

中国は、地理的には基本的に東端が海岸線で、このため海から日が昇るが、海に日が沈むところがない。その点、台湾は四方を海に囲まれているから、北部の淡水も、南部の高雄も、美しい夕日のスポットがある。例えば高雄の英国総領事館跡地などは、高台から西日が沈んでいくのをみる絶好の観光地で、中国からの観光客が殺到したため、夕方になると周囲の道路は大型観光バスで埋め尽くされ、ぞろぞろと歩く団体客のために、一般の車両が立ち往生することになった。

故宮博物院では、有名な「白菜の形の翡翠」や「肉型石」の展示室は、中国人団体客によるあまりの混雑に一時間待ちの行列が常態化した。

しかも、中国人団体客は、傍若無人で、どこでも大きな声で話し、買物をするにもレジの前に並ばずに我先に支払おうとして混乱を呈するので、日本人その他の客足が遠のく状況になった。

他方、経済交流の緊密化で、大陸中国に進出する台湾企業が増加し、中国大陸で常時駐在して仕事をする台湾のビジネスマン「台商」は、百万人を超えるという状況になった。このため、台湾の人々が家族で集まって過ごす旧正月「春節」の前後には、中国と台湾の間を往来する飛行機は、定期便だけでは不足して、チャーター機が多数飛び交うことになった。

こうして台湾の人々と中国人との接触が増大した結果、我々は中国人とは違うと感じ、台湾人アイデンティティが高まることになった。

先にも紹介した国立政治大學の選挙研究センターの世論調査では、馬英九政権誕生前の二〇〇七年には、「私は台湾人」と認識している台湾人は約四四％であったが、二〇一四年には六〇％強へと急増し、反対に「私は台湾人だが中国人でもある」と認識している台湾人は、この間に約四五％から三二％に低下した。「私は中国人」と答えた台湾人は、もともと五・三％しかいなかったが、三・五％へとさらに減少した。

その結果、これ以上の中台接近を望まない世論が高まり、このまま経済的に中台緊密化が進んでいくと、台湾は中国に吸収されてしまうのではないかという懸念が広まった。

その懸念をさらに高めたのがサービス貿易協定（海峡両岸服務貿易協議　Cross-Strait Service Trade Agreement）の署名であった。これは、二〇一三年六月二十一日に第九次首脳会議で合意されたもので、物品の貿易ではなく、メディアや出版、旅行、金融、サービス業などについて中台双方で門戸を開放することに合意したものであった。しかし、中国と台湾ではそれぞれの分野の企業の規模が大きく異なること、人件費の違いから、中国から台湾への進出の可能性が高く、台湾から中国に進出することが難しい分野があることなどから、結局のところ、台湾経済を中国が併呑する道につながるとの批判と危機感が台湾内部で高まることになった。

馬英九政権としては、台湾経済に対するメリットを強調し、サービス貿易協定の立法院での批准手続きを進めたが、二〇一四年三月十六日、立法院の委員会で、国民党が審議なしでサービス貿易協定の承認を決めると、立法院周辺には同協定に反対する大学生等が多数集まり始めた。十八日になって、一部の学生が立法院本会議場に侵入して、議場を占拠する事態となった。

学生たちは暴力的になることはなく、一部の大学教授などとも協調しながら、語学力とＩＴ技術を駆使して自分たちの主張を全世界に向けて発信した。しだいに学生だけではなく一般の人々もそのデモンストレーションに加わった。そのシュプレヒコールの声は、「退回服貿、捍衛民主！」であったが、その前半は日本人が聞くと「ホエホエクマ！」のように聞こえるということで、勝手に可愛いクマのイラストをつけてネット上で拡散するという珍現象も起きた。

学生による立法院本会議場占拠は四月十日まで続き、その運動は「ひまわり学生運動（太陽花学運）」と呼ばれるようになった。学生たちが警察力などですぐに議場から排除されなかった要因としては、一般の支持が大きかったことに加えて、その前年から国民党内で馬英九総統らと、王金平立法院長が激しく対立していたことがある。王金平は、馬英九国民党執行部から党籍はく奪の法廷闘争をしかけられていただけに、馬英九政権批判のために立法院を占拠した学生たちを、ただちに排除しなかったのである。

結局、サービス貿易協定批准は棚上げされ、これ以後、台湾政府が中国との交渉を進めるときは、合意と署名まで政府が独自に進めるのではなく、立法院の監督を受けるという両岸協議監督条例を制定するなどの条件で、学生たちは平和裏に議場から退出した。

その後、サービス貿易協定は批准されていない。

「ひまわり学生運動」で噴出した中台接近への危惧と馬英九政権批判の若者の声は、そのまま半年後の統一地方選挙に持ち越された。

十一月二十九日に、台湾の六大都市市長選挙と議員選挙、その他の県・市の首長および議員選挙、さらに基層の地方選挙が同日投票となった。このとき、台北市長選挙については、民進党は反国民党の無所属候補、台湾大学の外科医であった柯文哲の世論支持率が民進党候補を上回ったため、民進党は公認候補を取り下げて、民進党支持者に柯文哲支持を求めた。その結果、ブームを巻き起こした柯文哲が、連勝文を破って勝利を収めた。連勝文は、国民党主席、副総統兼行政院長であった連戦の息子で、抜群の知名度と政治資金をもっていたが、政治素人で資金難、手作り選挙の柯文哲の後塵を拝する結果となった。

高雄市では民進党の陳菊が六八％という驚異的な支持率で再選され、台南市では現職の民進党・頼清徳が七二％を超える記録的大勝を収めた。台中市では新人の民進党・林佳龍が現職で国民党副主席の胡志強を抑えて勝利し、新たに直轄市となった桃園市で、民進党の鄭文燦が五一％の得票で、接戦を制して勝利した。国民党で孤塁を守ったのが新北市の現職市長・朱立倫であったが、民進党のかつての四天王の一人、游錫堃に迫られ、五〇・六％での辛勝であった。

この結果、前回の二十二県・市長選挙では、国民党十五、民進党六、無所属一であったものが、二〇一四年には、国民党八、民進党十三、無所属一と、与野党の勢力が逆転することになった。

総統選挙と立法委員選挙での民進党の完勝

統一地方選挙での大敗の責任をとって馬英九総統は選挙後間もなく国民党主席を辞任し、中央直轄市で唯一市長の席を守った朱立倫が、翌二〇一五年一月から党首となった。

総統選挙の公認手続きが始まると、民進党では早々に蔡英文に一本化されたが、国民党では、郝龍斌、王金平、朱立倫など総統の有力候補たちは立候補を見合わせてしまった。結局、立候補手続きを進めたのは立法院副院長の洪秀柱だけで、そのまま七月十九日の党大会で国民党の公認候補に選出された。しかし、洪秀柱は、中国政策問題で、国民党の「一中各表」と異なる「一中同表」、つまり、「中国は一つ、その中国は同じ中国」と述べる等問題発言があった。さらに、世論調査で、民進党の蔡英文リードの状態が続き、九月十五日には蔡英文が四三・六％で、洪秀柱は一五・三％という大差になった。このままでは、総統選挙で敗北するのみならず、立法委員選挙でも国民党が大敗を喫するという情勢となったため、国民党内から総統の公認候補を洪秀柱から取り換えようとする「換柱」の声が高まった。

結局、十月八日に臨時の全国代表大会を開いて、八百九十一人中八百十二人の賛成で洪秀柱の公認を取り消し、代わりに朱立倫党主席を公認候補とした。党大会で決めた公認候補を、病気や事故でもないのに二か月余り後に差し替えるということは、前代未聞の事態である。

なお、朱立倫は現職の新北市長であって、市長職を務めながら選挙戦を戦うことは不可能なので、四か月休職して選挙戦に専念することにした。もし、当選すれば市長は辞任して総統に就任、落選なら市長に復帰して任期を全うするということである。

民進党の蔡英文は、台中政策としては「現状維持」を提唱して、陳水扁総統のとったような独立寄りの政策はとらなかった。また、対米関係を重視して、先遣隊を派遣するなど事前準備を十分した後、五月末から十日間あまり訪米した。その際には大統領官邸にも招かれ、国務省も訪問して、アメリカ政界の要人たちと会談した。もともと、アメリカの大学で修士号、イギリスのロンドン大学で博士号をとった蔡英文は、李登輝総統の下で対米交渉を担当するなど、英語能力に優れており、コミュニケーションに不自由はなかった。

また、十月上旬に日本を訪れた蔡英文は、華僑その他の日本の人々に対して、十三日に東京のホテルで集会を開くと「皆さんの前にいるのは、もはやかつての蔡英文ではありません」と自らが総統選挙に立候補した心境を語るとともに、台湾人のための台湾を発展させたいという政権構想を述べた。

また「四年前であれば皆さんの前ですべての同志が蔡英文派であるという自信はなかったかもしれない」が今や「私は自信をもって、我々は全員蔡英文派です、と大きな声で言えます」と民進党の結束を宣言した。さらに、安倍首相の地元である山口県へ赴き、岸信大衆議院議員の案内で各地をめぐるなど、日本についての知見を広めるとともに、日本の政界関係者との人脈つくりの機会をもった。

一方、朱立倫は、国民党主席として五月に訪中して習近平共産党総書記と会談し、緊密な中台関係の維持を確認した。また、国民党の総統公認候補に決まると、十一月十日から訪米して、人脈つくりを試みたが、蔡英文と異なり、準備不足の感は免れなかった。

他方、馬英九総統は、十一月七日、シンガポールを訪れ、中国とシンガポールとの記念行事のために同国を訪れていた中国の習近平国家主席と会談した。現職の総統として初めて、中国の国家主席との会談を実現したことになる。この会談は、中台関係を改善してから去り行く馬総統への餞別となったが、習近平としては、会談を通じて「一つの中国」路線の継続が台湾にとって良好な対中関係を保つための必須の前提であると強調して、台湾財界その他を国民党支持に結集させ、民進党支持者をけん制しようとした。また、蔡英文政権が誕生した場合に備えて、蔡英文に対して「一つの中国」原則を受け入れるようくぎを刺す意味もあった。

しかし、蔡英文は、民進党の総統公認候補に決まって以後も、一貫して対中政策については「現状維持」を繰り返すだけで、「九二年のコンセンサス」を認めることはなかった。ところで、二〇一六年三月の世論調査では、台湾の八六・七％が「広義の現状維持」を支持しており、台湾海峡両岸は同じ一つの中国に属するという中国の主張に対して「同意しない」と回答した人が七二・七％であった。つまり、蔡英文の路線は、台湾の主流の民意と一致していた。

二〇一六年一月十六日の、総統選挙の結果は、予想された通り民進党の蔡英文が六百八十九万票あまり、五六％を超える得票率で勝利した。国民党の朱立倫は、三百八十一万票で三一％と、三百万票の大差をつけられて落選した。

当日の立法委員選挙では、民進党は前回の四十議席を六十八議席に伸ばして、定数百十三議席の過半数を得た。他方、国民党は三十五議席で、前回から二十九議席の減少となった。特に全部で七十九ある区域選挙区のうち、民進党は四十九を得て、三分の二を超えた。さらに南部では非常な強さを発揮して、雲林県、嘉義県、嘉義市、台南県、高雄市、屏東県の立法委員二十二議席を独占した。また、「ひまわり学生運動」の中から二〇一四年に生まれた若い人中心の政党、時代力量は五議席を確保して存在感を示した。

蔡英文総統の政治と統一地方選挙での大敗

蔡英文総統の父は台湾南部・屏東の客家系であり、母は福建省の福佬人系の台湾人、そして父方の祖母は原住民のパイワン族である。蔡英文は自らそう明らかにしているが、これはつまり、台湾の経てきた歴史、そこに居住する人々の血が、ある意味で蔡英文の体に凝縮されていることを示している。

だが、戦前までに台湾に居住していたいわゆる本省人のほとんどの人々は、これと大同小異であって、最大多数派が福建省系の漢人、少数派が広東省系の客家で、これに幾分かの原住民の血が入っているのである。そうした千六百年代から千九百年ころまでの台湾の歴史に、五十年間の日本統治の文化的経験を加え、さらに戦後の国民党政府の統治による「中国化」を混ぜ合わせて、今日の「台湾人」が形成されてきたともいえる。

習近平国家主席は、節目ごとの演説で、台湾の人々に「われわれは血肉でつながった同胞だ。血は水よりも濃い家族だ」と呼びかけ、「一国二制度」での統一を求めている。しかし、実は台湾の多数派は、大陸の漢人と血が同じではない。そのことを、今では多くの台湾人が自覚し、あるいは公言している。蔡英文総統しかり、台湾の駐日代表の謝長廷元行政院長しかり、蘇佳全立法院長しかりである。

それゆえ、蔡英文総統は、五月二十日の就任演説のなかで「台湾という島にやってきた順番」を忘れることはできない、と述べて原住民に対する不当な取り扱いへの謝罪と、そうした事態の解消を進める意図をしめした。具体的には、原住民の歴史観の再構築、段階的な自治の推進、言語文化の復元と育成、生活ケアの向上を目指した。その意思を明確に示すために、八月一日に総統府で「先住民族の日」式典を挙行した。その場の挨拶で、「総統として謝罪することは先住民族こそがこの土地の主人であることを尊重するばかりでなく、問題に向き合って解決を目指すスタートになる」と述べた。さらに、総統府に「先住民歴史的正義と『移行期の正義』委員会」を設置し、座長には蔡英文総統が就いた。

そもそも、「移行期の正義（転型正義）」は蔡英文政権の政策のキーワードの一つだが、これは、「民主主義体制に移行した政権が、過去の人権侵害や大規模な虐殺について真相を明らかにした上で、社会の再建を試みる」ことを指している。具体的には、二二八事件以後の「白色テロ」の真相を明らかにすることを目指したものである。

これと並んで、国民党の不当党産処理を進めることも蔡英文政権の課題の一つとなった。政権発足から時を置かず、七月二十五日に立法院で「政党及其付随組織不当取得財産処理条例」を可決させ、八月三十一日には行政院に、不当党産処理委員会を成立させた。

さらに、公務員年金の改正を進め、二〇一八年七月一日から施行された。台湾の公務員、軍人などに対する年金制度として、台湾銀行の公民退職金口座は年利一八％など、一般と比較して非常に優遇されており、少子高齢化する台湾で、この制度の維持が不可能であることは以前から指摘されていた。馬英九政権でも二〇一二年に年金改革を打ち出していたが、進展がないまま政権を終えていた。蔡英文政権では、退役軍人などからの強い反発を受けながらも法案成立を進め、二〇一七年六月に公務員、教職員の年金、さらに二〇一八年六月に軍人の年金について条例を制定した。

また、働き方改革も進め、「一例一休」制度を二〇一六年末に決定して、週休二日制を義務化させた。しかし、厳しすぎる内容に労使双方から不満があり、一年後の一八年一月に再改正を決定、三月一日から施行されることになった。この改革は、使用者側の負担になるばかりではなく、労働者側の収入減少ともなり、さらには、営業時間の短縮によって消費者の利便性低下にもなったので、各方面から反発があり、柔軟化を図ることにしたものである。しかし、この政策実施について、蔡英文政権の見通しの不適切さと、現場への理解不足から混乱を来したという印象は免れがたかった。

以上のように、蔡英文政権は、政権発足から意欲的に政策を推進してきたが、いくつかの政策は国民多数から不満が出て、二〇一六年五月の政権発足時に六〇％を超える高い支持率でスタートした蔡英文総統は、二〇一七年秋には支持率が三〇％を切り、その後は多少の増減はあるものの二〇％台後半の低空飛行が続いた。

つまり、公務員の年金改革は、従来の年金受給者だけではなく、将来の年金受給者の不満と不安を高め、働き方改革は労使双方の不満の種となり、国民党の不当党産処理は、関係者の不満と不安をあおり、台中関係の冷却化も関係者には打撃となった。一方、改革のメリットが社会に浸透し、国民多数に実感されるには時間がかかる。発足時の期待感が高かっただけに、蔡英文政権の政策に対して、期待外れと反発の反応が強く出ることになった。

さらに、中国は露骨に台湾に対して外交的圧力を加え、政権発足時に二十二カ国あった国交国は、二〇一八年秋までに十七カ国に減少、さらに二〇一九年九月に二カ国が減って、十五カ国と過去最少になった。

他方、二〇一四年、一六年の選挙で大敗した国民党には、二〇一八年八月末まで復活の兆しがなかった。このため民進党の一部は、もはや国民党を台湾人が支持することはないと考え、民進党の長期政権を想像し始めた。

だから、十一月に予定された統一地方選挙に向けて、二〇一八年春には、六大都市の市長選挙情勢は前回と大きくは変わらないという予想だった。

しかし、蔡英文政権への不満によって、二〇一八年半ばまでに政党支持情勢は変化していた。二大政党の支持率が二〇一五、一六年には民進党およそ三〇%、国民党およそ二〇%だったのが、二〇一八年六月にはそれぞれ二一・七%と二五・三%へと逆転したのである。

それでも、従来なら党資産にものをいわせて選挙民に働きかけるところを、不当な党資産を国庫に返納させる政策が実施されたため、国民党ももはや従来のように資金を使って追い込みをかけることはできない、という見方が民進党陣営にあった。

こうした状況が一変する契機となったのは、高雄市の国民党公認候補、韓國瑜人気の急上昇だった。八月下旬の大雨で、台湾の中南部で大規模な水害が発生したとき、民進党政府の対応は鈍いという印象を与えていた。また長年民進党市政が続いていた地域での広域水害は、民進党市政で治水対策が不十分だとの印象を持たせる原因となった。そのとき、韓国瑜の言動が注目を集めるようになった。

台北市青果市場運営会社の経営者だった経歴を、自分は「八百屋（売菜郎）ＣＥＯ」だと表現し、高雄の野菜を東南アジアや中国に販売するといい、「古くて貧しい高雄（高雄又老又窮）」を変えると訴えた。さらには、自らの禿げ頭を武器にした自虐ネタで庶民、若者の支持を集めた韓国瑜の人気は、ネット世論を通じて急速に盛り上がった。伝統的な国民党政治家とはかけ離れたイメージが奏功して、十月下旬までには高雄市長選挙についての世論調査で韓国瑜の支持率が民進党の陳其邁を逆転、さらに十一月初めにその差は一〇％に広がっていた。

民進党批判を増幅し、韓国瑜ブームを後押ししたのは、台湾の多数派マスコミとネット世論である。台湾では、主要テレビ局と新聞の大半が国民党系ないし中国系資本である。また、秋以後の高雄市選挙関係のネット書き込みの送信元を調べると、八割が中国発だったと言われている。台湾人の間に民進党政権に対する不満があり、政党支持情勢に変化の兆しがあったことは間違いないが、韓国瑜ブームで一気に世論の転換が進んだ背景には、マスコミの後押し、さらには中国の影が見えるということである。

いずれにしても、「韓国瑜現象」「韓流ブーム」によって、韓国瑜の選挙集会には、若者を含む大勢の選挙民が集まるようになったことは間違いない。

元来、国民党の傍流の政治家であった韓国瑜は、一躍時の人となり、国民党の救世主となって、各地の候補者から選挙応援に招かれることになった。その結果、「韓国瑜現象」は南部から、決戦場と見られた中部の各県市に波及して、民進党地盤の崩落につながったと見られる。

もう一つ、この統一地方選挙の投票に影響を与えたのが、公民投票の同時実施であった。従来の法制による公民投票は、二〇〇四年と二〇〇八年に六案で実施されたが、すべて不成立だった。そこで、二〇一七年十二月に「公民投票法」が改正されて、新「公民投票法」となった。同法では、第一段階は、直近の正副総統選挙の有権者の一万分の一の賛成で発議し、第二段階は、有権者の一・五％の署名で公民投票が実施できることとした。つまり具体的には、第一段階はわずか千九百名ほど、第二段階でも約二十八万人ほどの署名で良いことになった。さらに、公民投票の成立要件は、投票者の過半数で有権者数の二五％以上に緩和された。これなら成立する可能性が高い。

この結果、二〇一八年春までに公民投票の提案は三十七件出され、そのうち十八案が第一関門を突破した。その後四月から九月初めまでそれぞれ署名集めが実施され、最終的に十一月二十四日には、十案の「公民投票」が実施された。

その一つに、二〇二〇年の東京オリンピックに「台湾」の名義で参加させようという案があった。この提案の背景には、有力な民進党支持勢力である台湾独立派の、蔡英文政権への不満があった。二〇一六年の選挙での勝利で長年の夢が叶えられると思った民進党支持者、とりわけ台湾独立のために戦ってきた核心的支持者は、「現状維持」の継続に不満であった。それで、台湾独立派などがこの提案を出したが、署名活動が進むと、ＩＯＣは否定的な意向を表明し、また中国は、二〇一九年に台中市で開催することが決まって会場整備が進められていたアジアユースゲームを強引に中止に追い込んで圧力を加えた。このため、「公民投票」が成立すると、台湾選手がチームとしてオリンピックに参加できなくなるのではないかという懸念が広がり、結果的に、この提案は「公民投票」で否決された。この過程で、オリンピック正名の「公民投票」案に後ろ向きな蔡英文政権への不満が燻り、有力な支持勢力が政権支持に消極的になって、集票にブレーキがかかる結果になった。

また、蔡英文政権はＬＧＢＴの権利擁護に積極的で、アジアで先陣を切って法制化したが、これに関わってＬＧＢＴの結婚や人権、学校教育での扱いを問う「公民投票案」が五案提出された。すなわち、同性婚を民法で認めるか、民法では婚姻と認めずに他の諸法で権利を擁護するか、小学校から同性愛を含む性的平等教育を実施するか、それはすべきではないか、などが問われた。

一方、キリスト教会を中心とする宗教グループが、「両性による結婚のみを民法上の婚姻として認める制度を守る」、「学校教育で同性愛を含む性的平等教育を推進しない」などの「公民投票」案を支持するよう積極的に呼びかけた。このグループは各種選挙集会や街頭で活発に活動したが、この主張は政権批判を含むことになる。「公民投票」の署名集めは、四月から台湾全土で展開され、その影響は長期的に浸透した。ところで、戒厳令下からの民主化運動や独立運動を進めたグループと、一部のキリスト教会や宗教団体はオーバーラップしており、つまりは民進党支持の勢力であるが、これらの「公民投票」呼びかけの運動などが、民進党支持へのブレーキになった可能性を否定できない。

この結果、十一月二十四日の投票では、中央直轄市の六大都市は、台北市長には現職で無所属の柯文哲が再選、新北市長は、国民党公認の新人、侯友宜が当選、桃園市長は、現職で民進党所属の鄭文燦が再選、台中市長は、国民党公認の新人、盧秀燕が当選、台南市長は、新人で民進党公認の黄偉哲が当選、高雄市長には、新人で国民党公認の韓國瑜が当選した。

つまり当選した市長は、与党の民進党が二人、野党の国民党が三人、そして無所属が一人である。これを選挙前の情勢と比較すると、民進党が五人から二人へ三人減少、国民党が一人から三人へ三倍増、そして無所属の柯文哲が現状維持である。

その他十六ある県市では、民進党は選挙前の九から選挙後には四へと半減、国民党は五から十二へと二倍強という結果であった。つまり、与党民進党の大敗、国民党の躍進という結果となった。

投票所の長蛇の列が意味するもの

今回の選挙は六大直轄市の市長と市議会議員、その他県・市の首長と議員、基層の自治体の郷鎮長などの選挙を同時に実施した「九合一選挙」であり、地域毎に異なるが、少ない場合で三種類、多ければ五種類の投票を一度にしなければならなかった。これに加えて十種類の「公民投票」もあったので、合計すると、有権者は投票所で十三票、あるいは十五票を投じることになった。

投票所に到着した有権者は、身分証で本人確認を終えると、最初に地方選挙の投票用紙を受け取り、記入ボックスに入ってそれぞれに記入、用意された投票箱に一種類ずつ分けて投票する。次は「公民投票」であるが、一案ごとに別の用紙なので十枚の投票用紙を束で渡されて記入ボックスに入ることになる。そこで、一枚一枚を確認しながら記入する。このとき、各種団体が配布した、「公民投票」の賛否のカードやチラシを投票所に持ち込んで、それに沿って投票した人も少なくない。

記入を終えた十枚の「公民投票」用紙をもって投票箱に向かった有権者は、最初の三案、次の三案、残りの四案の三つの箱に分けて投票することが求められるので、改めて投票用紙を仕分けして、間違えないように投票する。間違えれば無効票になってしまう。

以上の膨大な作業に、投票所を訪れた有権者各人は、戸惑い、時間がかかることになった。

この結果、一人当たりの投票時間が過去の選挙とは比較にならないほど長くなった。しかし、台湾の選挙は、当日限り、登録した住所通りの投票所限り、そして朝八時から午後四時までだけ投票が可能である。しかし、有権者の多い投票所では、列に並んでから投票を終えるまでに一時間、さらには二時間を超えるところもあった。

そこで中央選挙委員会は、当日の昼頃になって、四時までに投票所に到着した有権者は、投票終了時間を過ぎても投票できるという公告を出した。時間内に並んだ有権者の、投票権は守らなければならないからである。

結局、台北市で最後の投票者が票を投じ終えたのは、午後七時四十六分であった。列に並ぶ締め切りが午後四時だから、この人は少なくとも投票のために三時間四十六分並んでいたことになる。

人気の遊園地で楽しい乗り物のために一時間行列を作るとか、おいしいと評判のラーメン屋の行列に二時間並ぶことは、日本でも珍しくないが、ただ統一地方選挙と公民投票の投票だけに、一時間、二時間待つとしたらどうだろうか。

誰もがスマホを持つ現代、列に並びながらも時間潰しには困らなかったかもしれないが、週末の貴重な時間を投票の列に並んで過ごしながら、反政府的マスコミやネット情報を目にしていると、民進党に批判的な投票をしたくなっても不思議ではない。さらに、四時以降しばらくたつと、各地の投票所で開票が始まって、開票の状況がネット上に報告されるようになった。そうなると、投票所で行列を作りながら、その選挙区でどの候補者が得票を伸ばしているかを知ってから投票することになる。

状況によっては、自分の投票が死票にならないように、当初支持していた候補とは別の候補に投票するかもしれない。

公表された開票終了時間によると、台北市の場合、一番早いところは午後五時三十四分に開票が終了したが、一番遅いところは午前二時三十五分であった。

明らかなことは、各種の要因の積み重ねによって、民進党が大敗し、国民党が勝利したということである。

それにしても、台湾の人びとが、自分たちの市長、議員を選び、公民投票を通して政治的意思を表明するために、強い意志を示したことは特筆に値する。一人一人の投票に手間と時間がかかるにもかかわらず、投票率は全土で平均六五・五％に達した。中央直轄市では、投票所の長蛇の列にも関わらず平均六六・一一％で、前回の六六・三一％とほとんど変わらなかった。この中には、前日夜までに勤務地や大学所在地から遠路はるばる、わざわざ住民票所在地に帰省して投票したビジネスマン、学生も少なくない。台湾には、期日前投票制度などないからである。

いわゆる「台湾独立」を党是とする与党・民進党の凋落を見て、中華人民共和国の台湾事務弁公室・馬暁光報道官は投票日翌日、十一月二十五日に、国民党の勝利についてコメントして「広範な台湾の民衆が両岸（中台）関係の平和的発展がもたらす利益を望んでいることの表れだ」と民進党政権の対中政策を批判して嬉々とした声明を発表した。今後は習近平の中国が、台湾併合に向けた圧力をさらに増し加えるという観測もある。

そうした中で、台湾の人びとが、大行列の選挙を通じて示したのは、与党支持であれ野党支持であれ、選挙のために貴重な一票を投じようとする強固な意志である。このことは、国民の意思と関係ないところで国家主席が選出され、また国家主席の任期の上限を撤廃する憲法改正が簡単に決まる中国とは相容れないものだ。

対中関係改善を期待して、野党に票を投じた有権者たちは、参政権が認められない不自由な国に暮らすことを求めているわけではない。むしろ、完全な民主化を達成して四半世紀余りを経た台湾の有権者は、自らの意思で自分たちの政府を選び、政策選択の声を挙げることに熱意をもっていることを忘れてはならない。

二〇二〇年総統選挙に向けた各陣営の情勢

統一地方選挙で敗北を喫した民進党では、蔡英文総統が即日、党主席を辞任し、頼清徳が行政院長を辞任した。代わって党主席には卓栄泰が、行政院長には蘇貞昌が就任した。

国民党では、十二月二十五日の新市長の就任を待たずに、二〇二〇年に実施予定の総統選挙候補者が話題になった。さすがに、新任の市長たちは総統候補にはならないはずで、党主席の呉敦義、前新北市長の朱立倫、前立法院長の王金平の名前が挙がったのは順当なところだったが、もう一人、前総統の馬英九の名前も出された。こうして、四人で麻雀をして、公認候補争いを繰り広げているといった風情だった。

年が明けて二〇一九年になると、総統選挙の下馬評では、台北市長に再選された無所属の柯文哲の評価が高く、他方、選挙で大敗した民進党の蔡英文総統の支持が上がらないのは普通のことであったが、国民党の四人組は誰一人として、柯文哲の支持率に迫ることができない状況だった。春には公認決定の手続きに入るはずだったが、このままでは誰が候補者になっても勝てそうにない。そうなれば、誰か別の候補者が必要である。

世論調査の支持率が高かったのは、高雄市長に就任したばかりの韓国瑜だった。市長に就任したばかりの新人が、市政を放り出して別の選挙に邁進するなど、あまり普通ではない。しかし、周囲が盛り上げると、韓国瑜本人もしだいにその気になってくる。

もう一人、国民党から総統候補就任を目指す人物として、四月中旬に名乗りを上げたのが、ＩＴ企業の総帥で台湾を代表する資産家でもある鴻海グループの郭台銘会長であった。国民党主席、呉敦義からも支援があって、四月下旬から立候補準備を進めることになった。

すると、五月上旬から、韓国瑜が立候補の希望を示し始めた。六月初旬に国民党総統候補公認選挙への名簿登録が行われると、郭台銘、韓国瑜と朱立倫、その他二名が公認争いにチャレンジすることになった。

六月から国民党内選挙運動が公式に行われて、七月初旬に五社の世論調査会社による一般住民世論調査が実施された。その結果、韓国瑜が郭台銘、朱立倫等を抑えて第一位となって、公認の栄冠を勝ち取った。

一方、民進党では、蔡英文総統が再選を目指すのが政権与党としては常識であるが、世論調査の支持率が上がらない中、行政院長を辞任した頼清徳が立候補の意志を示した。これには、蔡英文の対中現状維持路線にあきたらない、民進党内台湾独立派などの支持が背景にあった。

前年十一月末の統一地方選挙で大敗した蔡英文が総統候補では、勝利がおぼつかないという懸念が民進党内にあったことは確かだった。しかし、この年一月二日に、中国の習近平国家主席が、「台湾同胞に告げる書」の四十年記念演説を行ってから、流れが変わり始めた。習近平は、この演説で習近平は「一国二制度」による台湾統一を改めて呼び掛け、一方で、外国と結びついた独立の動きがあれば、台湾統一を実現するために「非平和的手段を放棄しない」ことを明言した。「非平和的手段」とは、武力行使のことである。

これに対して、蔡英文総統はすぐに反応を示し、翌日には、「一国二制度」での中国による台湾併呑に対して、毅然とした態度で、台湾人は決して「一国二制度」を受け入れず、中国に併呑されることはない、と反論を加えた。いつもの「現状維持」発言から踏み出した、台湾アイデンティティを守る明確な発言は、民進党支持者の一部の心に届き、蔡英文総統の支持率が底を打って上昇する気配を見せた。

頼清徳は、五月になると訪日して政界の人脈づくりを試みるなど、総統選立候補に積極的な姿勢をアピールした。

一方、世論調査で一番人気は柯文哲台北市長であった。市長の任期は始まったばかりだが、すでに一期を終えて市政の業績もあるし、二〇一九年末には、今期の市長就任から満三年を過ぎるので、代理市長を指名して、自分は市長の座を離れて選挙戦に向えるし、総統に就任できる。ちょうど、二〇一四年の新北市長の朱立倫と同じである。

総統選挙をめぐる情勢に変化を生じさせたのは、香港での民主派の大デモンストレーションであった。三月末から、香港では「逃亡犯引き渡し条例」改正をめぐって、民主派の反発が高まりつつあった。これは、香港で逮捕した逃亡犯を、中国の司法に引き渡せるようにする条例改正である。従来は、逃亡犯の引き渡し相手国に中国は含まれていなかった。だから、香港で民主化運動や政治的主張を公に展開しても、逮捕されて中国に送られる心配はなかった。香港が中国と別であることの保証が、この規定だったともいえる。

しかし、この条例改正が成立すると、今後は、香港で逮捕されると大陸中国に送致される可能性が出てくる。香港は法治であり、言論の自由など自由権も認められているが、中国に法治主義はなく、言論の自由もない。だから、この条例改正が行われることは、香港の自由と人権、法治が消滅するに等しいと受け止められ、反対運動がしだいに拡大することになった。六月九日には百三万人参加の大集会が実施された。ついには、人口七百五十万人ほどの香港で、二百万人が街頭に出た。

デモに対する香港当局の暴力的な取締りと、民主派の毅然たる態度、デモの規模の拡大によって、台湾の人々は、自由と民主、法治の価値を改めて思い起こし、それを弾圧する中国と、その走狗になり果てた香港政庁の姿は、対中接近の危険性を台湾の一般有権者に再認識させる機会となった。

こうなると、対中関係で毅然たる姿勢を見せた蔡英文の評価が上がることになる。しかも、蔡英文は対米関係が良いし、安全保障にも強い意志を示してきたので、支持率が急に上昇した。頼清徳は、対米関係について蔡英文ほど人脈も信頼感もなかった。こうして、蔡英文の支持率が頼清徳を上回るようになる。六月十五日には、五つの世論調査機関の平均支持率で、蔡英文が三五・六％、頼清徳は二七・四八％であり、民進党総統候補としては頼清徳ではなく蔡英文を公認することが決まった。

国民党内の公認争いは、民進党候補が決定したあたりから本格化した。香港情勢の変化などを見ながら、国民党総統候補争いは、郭台銘と韓国瑜を主軸に展開された。

韓国瑜は、市長を務める高雄市でデング熱が発生しても、その対応より総統選挙の公認争いを重視しているように見られた。また、七月上旬の高雄市の水害の際にも、現場の対応で市長の姿が見えなかったといった批判が出された。一方、事業家として中国に多くの工場を展開する鴻海の総帥として、郭台銘は対中関係において台湾人の利益を守れるかという、懸念の声もあった。

七月十五日に一般世論調査による党内予備選挙の支持率が発表されると、韓国瑜が四四・八％、郭台銘が二七・八％、朱立倫は一七・九％で、韓国瑜が公認候補に選出された。

他方、敗れた郭台銘は、無所属の柯文哲、国民党非主流の王金平らと連絡を取り合い、協力体制を構築して、二大政党とは別に総統候補として出る方策を模索した。一年前の水害の「八二三泡戦」の日であり、六十年前の金門砲撃戦、「八二三砲戦」開始の日である八月二十三日、三者は会談を持ち、立候補準備を進める意向を明確にした。

また、民進党の蔡英文候補の支持率が上がる一方、台中関係改善を謳う国民党の韓国瑜の支持率が低迷すると、国民党内では、韓国瑜の公認を取り下げて、郭台銘との差し替えを求める声が出てきた。第二の「換柱」の動きである。

しかし、九月になると、呉敦義党主席から、公認候補を韓国瑜から替えるつもりはないことが明言され、さらに九月十二日、国民党は一致団結して韓国瑜を応援するという意見広告が大手新聞四紙に掲載された。するとその日、郭台銘は国民党からの離党を声明した。

結局、無所属から立候補のための署名活動申請締め切り日、九月十七日に、郭台銘の署名申請はなかった。これとは別に、元の民進党の副総統、呂秀蓮が無所属での立候補挑戦を表明した。

しかし結局、呂秀蓮は立候補に必要な署名を期限内に達成できず、総統選から撤退した。他方、親民党の宋楚瑜が、党推薦で総統選に立候補することを明らかにした。

こうして、二〇一九年十一月五日の時点で、二〇二〇年総統選挙の候補者は、民進党の蔡英文、国民党の韓国瑜、親民党の宋楚瑜となっている。各種世論調査では、蔡英文が有利に戦いを進めているが、予断は許さない。

台湾の民主化と政権交代

中華民国では、台湾に移転した一九四九年から一九八七年まで三十八年余りにわたって戒厳令が存続した。さらに動員戡乱時期の法制は一九九一年まで続いた。その間、中国全体を代表する国家という虚構を保つため、中華民国は、一九四七年・四八年に大陸、台湾を含む中国全土で選出された国民大会代表、立法委員を改選することなく存続させた。

中華民国は三民主義を掲げており、一つの柱は民権主義であって、一九四六年制定の中華民国憲法にも、民意を反映させる制度が保障されていた。しかし、実際には、国共内戦の非常時を理由に憲法は停止され、国民党一党支配体制が確立された。

その中でも地方選挙が実施され、やがて立法院、国民大会代表の増補選挙が実施されるようになると、国民党に批判的な声がしだいに政治の場に表出されるようになり、さらに「党外」議員たちがしだいに結束して、政党結成に向かった。

一つの契機は、一九七八年の美麗島事件であり、もう一つの契機はフィリピンのアキノ革命と「江南事件」、さらには台湾関係法を契機とするアメリカからの民主化圧力である。こうして一九八六年九月、ついに民主進歩党が結党する。戒厳令解除、動員戡乱時期終了、民意代表の総改選は、そこから矢継ぎ早に実現した。

そして李登輝政権の寧静革命によって、一九九六年、総統から郷・鎮・里まで各級の首長、議員すべての直接民選が実現した。その転換点には、「野百合学生運動」があり、また国是会議によって、広範な民意を結集して、憲法修正への道を拓いた。

一九九〇年代の度重なる憲法修正は、国民党単独では不可能であり、国民党の李登輝総統の民主改革ビジョンと、野党・民進党のビジョンとが一致することで、二大政党協調の下に進められた。そこには、国民党内の、民主化で特権を失う人々の反発を抑えこんだ李登輝総統のリーダーシップが必要であった。

中華民国の台湾支配がはじまったとき、外省人は支配者で本省人は被支配者だった。民主化が徐々に進むと、本省人の政治的権利は上昇し、外省人の特権は剥奪される。特権政党としての国民党が普通の政党になるには生みの苦しみがあり、被支配者の代表としての民進党が政権をとるまでに成長するには克服すべき数々のハードルがあった。

台湾における民主化の経過は、非常時から平時に移りゆく環境の変化の中で、権力の喪失と権利の獲得との角逐の歴史であり、双方にとって痛みを伴う苦難の日々の積み重ねであった。

そして三度の政権交代は、既存の安定した市民社会を前提に、基礎を共有する市民が、思想や政策の相違によってグループ化された政党による、支持獲得競争としての選挙の結果ではなく、出発点においては、あるべき領土の範囲、国民の範囲、統治権の範囲を異にし、出自を異にする二つの集団が、それぞれの国家像を台湾の地に実現する試みとして展開されてきた。

九〇年代以後は、民進党も、国民党も、民主主義によって、中華民国を台湾化しようとしてきた。そして中華民国が台湾であるとすれば、一九九六年以後に展開してきた政権交代は、通常の国家の二大政党による、国民の支持獲得競争の成功と失敗の結果であって、普通の民主主義の歴史である。本章のように、台湾内部で行われてきたことを中心に記述すれば、そのように見える。この限りにおいて、台湾の中華民国には、民主主義がしっかりと根付いてきた、という結論になるだろう。

しかしながら、国民党が「一つの中国」原則を掲げる限り、それが意味する国家像と現実の民主主義の政治システムには、大きな乖離が存在する。一九九六年以後の李登輝総統でも馬英九総統でも、その政権のよって立つ基盤は、台湾であって中国ではない。中華民国が中国であるという民主主義的基礎は、一九九六年以後の中華民国には存在しない。中国全土で選挙を実施してはいないからである。

それでも、国民党が「一つの中国、各自表述」といえば、中華民国は大陸と台湾を含む中国だという建前を維持していることになる。その建前と現実との乖離を埋め合わせるには、実際に中華民国が中国になるか、「各自表述」を放棄するかいずれかしかない。そして今や、中華民国が中国になることはあり得ない。したがって国民党が「一つの中国」原則を認めるなら、「各自表述」は放棄するしかない。

現実に、大陸の中華人民共和国と台湾の中華民国が存在している。それを包含する概念として地理的文化的歴史的概念としての「中国」があっても構わない。しかしその「中国」は決して近代的な国家と同じではない、別の概念である。春秋戦国や五胡十六国のような時代も全体として「中国史」の一部というなら、その「中国」は一つでも、国家はその中に多数あった時期が珍しくないということだ。今も、中華人民共和国と中華民国があるのだから、「一つの中国、各自表述」ではなく、「一つの中国、二つの国家」である。

それにもかかわらず国民党が「一つの中国、各自表述」を中台関係の基礎に置くというなら、虚構に基づいて中台関係の改善を図っていることになる。それでは不安定であり、長く続くものにはならないだろう。

しかしこの問題は、むしろ台湾の中華民国側の問題ではなく、「一つの中国、それは中華人民共和国」と主張し、台湾は中華人民共和国の不可分の一部と主張している中華人民共和国の問題である。

主な参考文献

日台関係研究会編『辛亥革命一〇〇年と日本』（早稲田出版　二〇〇九年）
浅野和生『台湾の歴史と日台関係』（早稲田出版　二〇一〇年）
浅野和生編著『台湾民主化のかたち』（展転社　二〇一三年）
何義麟『台湾現代史』（平凡社　二〇一四年）
浅野和生編著『日台関係研究会叢書3　民進党三十年と蔡英文政権』（展転社　二〇一六年）
浅野和生・游清鑫「議会における与野党対決の代替としての『公民投票』」（日本選挙学会「選挙研究」第三十二巻二号　二〇一六年）
浅野和生編著『日台関係研究会叢書4　日台関係を繋いだ台湾の人々1』（展転社　二〇一七年）
浅野和生編著『日台関係研究会叢書5　日台関係を繋いだ台湾の人々2』（展転社　二〇一八年）

楊合義『決定版　台湾の変遷史』（展転社　二〇一八年）
（中文）
藩継道『台灣的歴史（願景叢書一）』（群策會　二〇〇四年）台北市

第二章

台湾における選挙の歴史——民主化と政権交代の経過

日台関係研究会事務局

松本一輝

台湾における民主的選挙

台湾における民主的選挙とは、李登輝によるいわゆる「寧静革命」（静かな革命）で台湾の民主改革が進められた以後の選挙を指すことが多い。しかし、実際にはそれよりはるか以前から、選挙は実施されてきたし、選挙の実施が民主化の声を高める結果にもなってきた。

とはいえ、一九八八年に中華民国総統に就任した李登輝が、台湾民主化の道筋を作り、完成させた人物であることは事実である。振り返ってみれば、李登輝総統は、就任から一九九〇年春までは、国民党内の指導権掌握に苦労しながら民主化への下準備を徐々に進めていった。そして、一九九〇年三月の国民大会において、自らの任期として総統に当選したところから、台湾民主化に精力を集中することになった。

一九九一年十二月に国民大会代表総選挙、一九九二年十二月には立法院総選挙が行われた。そして一九九六年の総統直接選挙の実施によって、国民大会代表、立法院、総統が民主的な選挙によって選出され、中央政府から地方政府、議会まで台湾が近代的な民主主義国家として完成し、世界の表舞台に進出する大きな足掛かりとなったのである。

李登輝による民主化の経過については以下に跡付ける。それでは、李登輝民主化政策以前の台湾の選挙過程はどうなっていたのだろうか。次節から、まず李登輝民主化以前の選挙制度、選挙の実態を振り返り、その後、李登輝による民主化政策、さらには台湾初の政権交代を経て二〇二〇年に至る台湾の民主的選挙への変遷について述べたいと思う。

中華民国憲法による選挙制度

台湾における近代的な選挙としては、日本統治時代の昭和十（一九三五）年と昭和十四（一九三九）年に市議会議員と街庄協議会の議員という地方選挙が実施されていた。さらに昭和二十（一九四五）年四月一日には、衆議院選挙も台湾、朝鮮で実施されることが確定し、選挙区割りも決まって官報に報告された。しかし　その後、日本の敗戦で、その選挙が実施されることはなく、台湾の統治権が中華民国に移転することになる。

中華民国では、一九四六年十二月二十五日に中華民国憲法が制定され、一九四七年十二月二十五日に発効した。中華民国憲法には、国民大会代表と立法委員、さらには監察委員という三種類の民意代表の選挙権、被選挙権、任期、定数が規定されていた。規定によると、立法委員の任期は三年と定められ、定数は、各省、直轄市においては人口が三百万以下のときは五人、人口が三百万人を超える場合には百万人を超える毎に一人ずつ追加することになっている。国民大会代表については、任期六年とされ、各県市およびこれと同等の区域で代表一人を選出し、さらに、人口が五十万人を超えるごとに代表一名を増加選出することになっていた。

これらの規定に従って、一九四七年十一月二十一日から第一期国民大会代表選挙が、そして翌年一月二十一日から第一期立法委員選挙が行われた。ただし、その時点ですでに中国共産党の支配権が確立していた一部地域では、共産党がボイコットしたため、選挙は実施されなかった。結果的に、憲法に規定されている定員より少ない人数、すなわち国民大会代表は定員三千四十五人に対して二千九百六十一人、立法委員は七百七十三人に対して七百六十人の選出にとどまった。

憲法が制定され、施行された後、国共内戦が激化し、一九四九年十月には中国共産党が北京を首都として中華人民共和国の建国を宣言した。十二月には中華民国政府は中国大陸を脱出して台湾に移転したために、中国は台湾の中華民国と大陸の中華人民共和国に分断された。そのため、中華民国としては、憲法で定めた任期のとおりに改選のための選挙を執行することができなくなった。そこで蔣介石国民党政府は、一九四八年に動員戡乱時期臨時条款を制定して、総統の権限を拡大するとともに、その後、本来一九五一年に行われる予定の立法委員選挙を凍結して任期を延長した。後に司法院大法官会議第三一号解釈によって、次の選挙がおこなわれるまで、立法委員が職権を継続して行使できるようにした。このようにして第一期の国民大会代表、立法委員は四十五年近くもその地位を保持することとなり、いわゆる万年代表（万年委員）となった。

補充選挙と増補選挙

しかし、選挙が行われなければ、その時その時の民意を国政に反映することができない。それでは、中央民意代表と称しても政権を壟断する組織になってしまう。その状況を変えたのは一九六六年三月二十一日および一九七二年三月十七日の臨時条款の修正である。この修正により、改選選挙を行うことの出来ない大陸選出の議員は臨時条款に基づいてそのまま任期を延長する一方で、実効支配している自由地区（台湾移転後に中華民国政府の統治権が及んでいる地域）や光復地区（共産党政権から統治権を奪還した地区）においては、選挙を実施できることとした。また、総統の権限で、台湾省で選出される代表・委員数を増大させられることにしたのである。

一九六九年立法委員選挙は「補充選挙」であり、憲法に定めた定数に沿った補充選挙として、この選挙の当選者は改選が凍結された従来の委員と同様に万年委員となった。

それ以後の立法委員選挙では、総統の権限で台湾省の定数を増加させるとともに、憲法の規定通りに三年ごとに定期改選することとした。また、一九七二年から一九八九年の増加定員選挙においては、区域代表（原住民選挙区を含む）、職業代表と総統の推薦による海外華僑代表の三種類が選出された。海外華僑代表は、一九八九年までは改選数の約二五～二九％を占めたので、実際には選出数の四分の一余りが総統の指名で決定された。

華僑代表は世界各地、例えば横浜やサンフランシスコ等の海外都市に散らばる在外華僑の華人を代表するものである。彼らが華僑代表として台北の立法院に存在することは、中華民国政府が、中国を代表する政府であることを示すものでもあった。

一方、職業代表の投票権を持つ者は、通常の区域代表の投票権の代わりに、職業代表について投票することになっていた。職業団体は、政府、国民党が支配的なので、総統が直接指名する華僑代表とともに、国民党政府がほぼ独占できる議席であった。したがって立法委員の場合、総選出数の約四五%は総統もしくは国民党政府がそもそも手中に握っていた事になる。

増加定員選挙は憲法によれば三年ごとの改選だが、総改選が実施されるまでに一九七五年、一九八〇年、一九八三年、一九八六年、一九八九年に選挙が行われた。一九八〇年選挙については、一九七八年の米中国交正常化とそれに伴う中華民国のアメリカとの国交断絶による影響で、七八年に予定していた選挙を延期したものである。以下にこれらの選挙の経緯を解説する。

一九六九年から一九八九年の立法院選挙

一九六九年の補充選挙は、台北市と、台湾省の一区と二区の三つの選挙区で、定数十一人で行われた。立候補者は国民党から八人、無所属で十五人が立候補した。この時の投票率は五五%で、選挙の結果、国民党からは八人全員が当選、無所属からも三人が選出された。定数は台北市が四、台湾省第一選挙区が三、第二選挙区が四であったが、国民党は台北市から二、台湾省第一選挙区から三、第二選挙区から三人の公認候補を立てただけで、台北市と台湾省第二選挙区では定数を独占するだけの候補者を立てなかったのである。

なお、選挙法によると、立候補資格には学歴要件があり、高等学校卒業以上であることが必要とされていた。

一九七二年増加定員選挙では、定数が一挙に五十一人に増加した。このうち区域代表が二十八人、華僑代表十五人、職業代表八人であった。選挙の結果、当選者は五十一人中四十五人が国民党であった。区域選挙区は、台北市が中央直轄市として独立した選挙区であるほか、台湾省を北から南へ六つの選挙区に分け、このほか金門島と馬祖島を福建省選挙区、山地原住民を「山胞」選挙区として一議席を用意した。また、職業団体については、農民団体、漁民団体、工人団体、工業団体、商業団体、教育団体の六区分で、農民と工人のみ定数を二とし、他が一の合計八人であった。さらに、海外華僑代表は、東北アジア地区、香港・マカオ地区、その他のアジア地区、南北アメリカ地区、ヨーロッパ・アフリカ・オセアニア地区の五区に分けて選出している。海外華僑代表は、その地域に五年以上居住の中華民国人が候補者となるとされるが、実際の選出は総統の指名であって選挙は行われない。

この年の定員増を決断した要因として、前年一九七一年の第二十六回国連総会でアルバニア決議案により台湾が国連から脱退したことが挙げられる。決議により国連が中華人民共和国を承認し、台湾の中華民国代表が国連から退場することになったことで、台湾政府は国際的孤立を余儀なくされ、政権存続、あるいは国家存続の危機を迎えた。これに対処するには、国民政府は足元を固めなければならず、民意の支持を喚起する必要があった。そのために、台湾での民主的基盤と統治機能を強化する方向に舵を切って、住民の選挙による民意代表多数を選出することとした。

なお、前回とは異なり選挙は六八％を超える高い投票率であった。

つづく一九七五年増加定員選挙は、人口の増大に伴い、区域選挙区のうち一番北の台北・基隆・宜蘭の選挙区の定数が前回より一人増えて四人となり、区域代表が二十九人となった。これに華僑代表十五人、職業代表八人を加えて総定数は五十二人での選挙である。結果としては、五十二人中四十五人が国民党候補の当選であった。

次に行われる予定であった一九七八年立法院選挙は、十二月八日に選挙公告がなされ、十二月二十二日が投票の予定であった。ところが、選挙戦の最中の十二月十五日に、翌年一月一日を期して米中の国交が正常化されるという発表があった。中華民国政府としては、これを受けて即日、アメリカとの国交を断絶すると発表した。台湾にとって、これはかつてない国際環境の激変であり国難であったため、それに対処する必要があるとして総統緊急処分令（民國六十七年十二月十六日總統緊急處分令）を発して選挙が延期されることになった。結果的には、事態が落ち着くのを待った次の立法委員選挙は一九八〇年に行われた。

その一九八〇年立法委員選挙は、この年の十二月六日に投票が行われた。その定数は九十七人に増加して、区域代表が五十四人、華僑代表二十七人、職業代表十六人であった。区域代表については、高雄市が中央直轄市となって定数五の選挙区になり、台北市は定数が五から八に増大した。人口増が直接の理由だが、このほか台中市・台中県・彰化県・南投県からなる台湾省第三選挙区は定数が九で最多になった。他方、花蓮県・台東県の第六選挙区は定数が二、金門島・馬祖島の福建省選挙区は定数一である。区域選挙区では一人一票を投じる制度であるが、定数一、二と定数八、九の選挙区が併存するため、選挙区によって選挙戦の様相はかなり異なるものになった。

当選者は九十七人中七十九人が国民党であった。国民党支配は揺るがなかったが、二十八人が国民党以外から当選して、国民党批判の声が政治の表舞台に表出される機会が増大することになった。

一九八三年増加定員選挙は定数が九十八人と一人増えたが、これは区域代表が五十五人となったためである。華僑代表二十七人、職業代表十六人は変わっていない。当選者は九十八人中八十三人が国民党であった。区域代表の定員増加は台湾省の一番北、台北県・基隆市・宜蘭県の第一選挙区の定数が八から九に増加したものである。一九七〇年代から一九八〇年代以後の、台北市やその周辺の台湾北部の人口急増ぶりが反映している。

以上を概観すると、一九六九年から一九八三年までの五回の立法委員選挙では、一八・二%、一一・七%、一三・五%、一八・六%、一五・三%が国民党以外からの当選者であった。このうちの大半は、いわゆる党外人士である。ただし、総統が指名する海外華僑代表には、国民党のほかに中国青年党や民主社会党の党員が二、三人含まれているのが常であった。これらの政党は、一九四九年の国民政府の台湾移転以前から存在した中華民国の政党であり、四九年以後には国民党とともに台湾へ移転して、その後、国民政府を支持する政党として機能した。つまり、非国民党ではあるが、国民党政府に批判的な野党ではない。そのことを勘案すると、国民党に対して野党的立場にたった党外人士は、各選挙で一〇%から一五%程度であったといえる。

以上の中央政府の立法委員選挙とは別に、県・市などの地方選挙が定期的に実施されており、そこでも党外人士が一定数当選を続けていた。

民主化の萌芽から民進党の結党へ

一九四七年二月二十八日に勃発したいわゆる二二八事件を契機とする、台湾人エリートを中心とする弾圧に続いて、国民党政府は反共産主義を掲げて、しかし共産主義者に限らず、政府に批判的な人々や台湾独立を主張する人々を弾圧した。いわゆる「白色テロ」の時代は長く続いて、政治犯として逮捕、投獄された人々のリストには、日々新たな名前が書き加えられていった。一九八七年七月十五日に戒厳令が解除され、この年にリストに加えられた人は四人にとどまったものの、その後も一九八八年に三人が加えられ、八九年はゼロに終わったが、九〇年にも林逢杰の名が加えられた。これが最後のようだ。これらの人々は、非公開で裁判を行うために、現役軍人ではないが軍事法廷で裁かれていた。なお、一九四九年から一九八七年の間に、現役軍人でないのに軍事裁判にかけられた人々は二万九四〇七人に及ぶ（台北市の景美人権文化園区の展示資料による）。

戒厳令と動員戡乱時期臨時条款の時期には、言論の自由は制限され、新たな政党の結成、新聞の発行などは禁止されていた。第一章に述べられているように、国民党批判を行うものは、政党を結党する代わりに「党外」として政治に参加したが、やがては党外人士の結束というかたちで政治団体的な活動が始まることになった。

一つのきっかけになったのは、一九七九年十二月に、国際人権デーに合わせて、南部の高雄市で開催された、雑誌・美麗島社主催の民主化要求の集会であった。集会参加者と治安機関の衝突が発生して、多数の参加者、党外の地方議員などが逮捕されたが、その裁判の経過が公開されることになったのである。その裁判が続くなか、逮捕された議員の家族が身代わりに中央、地方の選挙に立候補すると、その多くが当選を果たした。さらには被告の弁護に当たった弁護士たちが、党外の闘士となって、各種選挙で立候補して当選した。こうして、さまざまな形でこの事件に関わった民主化活動家が、後の民主進歩党の核となる。

また、一九八三年のフィリピンのベニグノ・アキノ上院議員暗殺事件以後の、東南アジアの権威主義体制国家に対するアメリカによる民主化圧力も、台湾民主化の外部的要因となった。

他方、台湾は一九七〇年代後半から高度経済成長を果たし、八〇年代に入ると、香港、シンガポール、韓国と台湾とを合わせて、「アジアの四匹の小龍」と呼ばれ、上り龍のごとき経済発展に世界から注目が集まった。同時に、国内の生活水準が向上し、教育水準が上がるとともに、台湾経済や生活の国際化、市民の国際交流の拡大が起きる。こうして、台湾の市民からの民主主義実現の要求は、自然な高まりを見せることになる。

以上のいくつかの要因が合わさる中、一九八六年三月、蔣経国総統は、国民党第三回全体会議において、民主憲政を推進して党と国家の近代化を促進することを指示した。こうした趨勢を受けて、この九月末に、党外人士の大同団結として、民主進歩党が結成された。実は、この段階ではまだ戒厳令が布かれており、党禁も継続しており、政党の結成は違法であった。しかしながら、蔣経国政府は、党禁を侵しての民進党の結党を事実上黙認して、弾圧しなかった。この年、八六年十二月には、立法院と地方首長、地方議会の選挙があったので、その選挙が民進党としての初陣となった。

八六年の立法委員選挙では、原住民選挙区を含めて区域代表が五十七人、職業団体代表十六人、海外華僑代表二十七人の一〇〇人が選出された。

民進党は、事実上は政党として選挙を戦ったが、合法化されたわけではないので、公式記録では党外として扱われている。つまり、この時の選挙では国民党の当選者と、事実上の民進党の当選者と、その他の当選者があった。区域代表では、当選者五十七人中の四十四人が国民党員であり、十一人が民進党、残り一人がその他であった。職業団体代表でも、工人団体では民進党から一人が当選しているので、民進党としては合計十二人の当選であった。

なお、この時の民進党の当選者には、台北市選出で、後に総統になる陳水扁の妻の呉淑珍、高雄市選出では、後に行政院長になる張俊雄なども含まれている。

李登輝の「寧静革命」

以上のように、民主改革へ向けて動き始めた翌年の一九八七年七月十五日、三十八年間継続した戒厳令が解除され、中華民国憲法に基づく政治が行われることになった。それに続いて、一九八八年一月一日には新たな新聞の発行を禁ずる「報禁」が解除され、マスコミが自由化されることになる。ところが、その後間もない一月十三日、蔣経国総統が急逝した。享年七十七歳であった。これにより、憲法の規定に従って、副総統であった李登輝が総統の任に就くことになった。その李登輝総統の下で、台湾の民主改革が進められることになる。

さらに翌年、八九年一月二十日には、新たな政治結社、政党の組織が正式に合法化された。こうして、台湾の民主的選挙へ向け、法的な体制が一応は整ったのである。したがって年末の立法委員選挙では、公式に国民党と民進党その他の政党の候補者による選挙戦が展開されることになった。

この八九年十二月二日の選挙では、地域代表が原住民代表四人を含めて八十三人、職業団体代表が十八人、これに総統指名の海外華僑代表二十九人を加えて、合計百三十人の多数が選出された。総統指名を外しても一〇一人を選ぶ選挙戦であった。

この選挙では、新竹県の台湾省第四選挙区、台東県（第十四選挙区）、花蓮県（第十五選挙区）など一人区が八区ある一方、台北市が六人区二つ、高雄市が四人区二つであるほか、台北県は十一人区とされるなど、一選挙区の定数配分の差がさらに広がった。したがって、有権者は区域の選挙に対して一人一票を投じる選挙制度ながら、小選挙区と中あるいは大選挙区制の特質が同居する選挙となった。

選挙結果は、国民党籍の当選者が全部で九十四人、民進党籍が二十一人であった。ただし国民党籍には総統指名の海外華僑代表二十二人を含んでいる。一方、民進党の海外華僑代表はゼロである。また、民進党の二十一人には、職業団体代表の二人を含んでいる。つまり、議席占有率では、国民党が七二・三％、民進党は一六・二％である。なお、この選挙から公式に政党間競争が展開されたため、得票率は七十五％に達した。

いずれにしても、この時点の李登輝総統は、蔣経国総統の残任任期を消化する、代理昇格した総統であった。さらに、大陸から台湾に移転してきた中国国民党の幹部、国民大会代表、立法委員など長老政治家が蟠踞するなかでの政局運営であり、国民党歴の短い台湾人総統の李登輝としては、慎重な船出であった。

一九九〇年二月、国民党中央常務委員会において、次期の国民党公認の総統候補が選出された。裏面では、李登輝に代えて一九四九年の前後に中国大陸から台湾へ移転してきた、いわゆる外省人のなかから候補を出そうとする国民党の内紛状況が見られたが、最終的には現職優先で李登輝の再任が目指されることになった。結局、三月の国民大会では獲得選挙人六四一人、八五・二四％の得票で第八代総統に選出された。これによって、李登輝総統は、自前の任期を得ることになり、民主改革を加速化していくことになる。

李登輝総統による民主化には二つの構想があった。ひとつは、国民党に対抗できるような政党を誕生させること、もうひとつは、国レベルから地方レベルまで、完全に公平かつ民主的な制度の下で、国レベルから地方の基層レベルまで、国民が選挙で公職を選出することであった。

この大方針の下、李登輝は、まず国民大会と立法院の万年代表・万年委員の撤廃に着手した。一九四七年、翌四八年の選挙で選出され、選挙の凍結によりその地位を保ち続けたいわゆる終身議員は、一九八六年の段階で国民大会代表に八百九十九人、立法委員に二百二十二人おり、議会の主導権を握っていた。李登輝は、彼らをすべて一時に引退させる方針で説得し、最終的には多額の退職金を与えるなどの条件で、退任に同意させることに成功した。そして、九一年四月の国民大会において中華民国憲法の増補改正を行い、万年代表・万年委員の廃止と、台湾の政府の実効支配が及ぶ「中華民国自由地区」での民意代表選出、つまりは国民大会代表と立法委員の、台湾における総選挙を実現させることとなった。

この憲法改正を踏まえ、一九九一年一二月二十一日の国民大会代表選挙は、万年代表五六五人を全員引退させたうえで、すべての議席を改選するという民主改革の上で意義の大きな選挙となった。なお、一九四七年には中国全土で行われた選挙を、今回は台湾と金門島・馬祖島だけで行い、国民大会代表を選出するので、その定数は引退代表より大幅に少ない三百二十五人であった。

選挙結果は、国民党が得票率七一・一七％で二百五十四議席を獲得して圧勝した。この得票率は八九年の立法委員選挙での区域代表の得票率六〇・八三％を上回る数字であった。民進党は得票率二三・九％、六十六議席と八九年立法委員選挙の得票率二八・二九％から得票率を減らす結果となった。選挙後、民主党の許信良は得票率が伸び悩んだ要因について「国民党の大規模な買収やテレビ・メディアの全面的独占にある」と語った。

確かに、当時の国民党および政府が、テレビ・メディアをほぼ独占していたのは事実である。なおこの選挙には、六九・一％を得票した国民党、二三・三％を得票した民進党のほかに、全国民主非政党連盟、中華社会民主党など二〇万票ほど獲得した政党、さらには四三〇票獲得の中興党、二七六票獲得の中国忠義党、一八三票獲得の中国大同民主党など、数多くの泡沫政党も選挙に参加した。そうしたなかで、合法化されて二年程の民進党としてみれば、十分に存在感を示した結果ともいえる。

このほぼ一年後、一九九二年十二月二十九日、今度は立法委員総選挙が実施された。この選挙は、区域選挙区一一九、原住民代表六、全国比例代表三〇と、比例代表方式で議席が割り当てられる新たな海外華僑代表六の合計一六一議席で争われた。前回までの職業団体選挙は廃止され、総統指名の海外華僑代表も無くなった。これらに代えて、全国比例代表と海外華僑代表を、政党比例代表方式で選出することとしたものである。

なお、この選挙は、区域の選挙に投じられた票が、政党公認候補への投票である場合、自動的に全国比例代表および海外華僑代表の政党得票としてカウントされる、一票が三回カウントされる方式であった。各政党は全国比例代表区と海外華僑区の候補者名簿を、順位を付して提出しており、政党票数に応じてドント式で各党に議席が配分される。

この方式では、区域の投票で、全国比例代表や海外華僑代表の候補者名簿を出していない政党か、無所属候補に票を投じると、区域の選挙ではカウントされるが、他の二種の選挙にはカウントされず、棄権扱いになるものであった。また、区域の選挙区は、従来の延長線上で一人区もあれば九人区もあるという選挙区割であった。このため、一人区以外の選挙区では、政党の公認から漏れても、無所属扱いで自主立候補するケースが多数見られた。

選挙結果は、国民党が得票率五三・〇％、得票率では前年の国民大会代表選挙よりかなり低かったものの、議席数では一一四議席、議席率七〇・八％を獲得した。さらに、無党籍の当選者十四人のうち、七人はもともと国民党の政治家であった。一方、民進党は得票率三一・〇％と、一年前より伸ばし、五一議席を得て議席率でも三一・六％を獲得した。

台湾の各新聞は、この結果を国民党の敗北と評したが、李登輝総統としては、議会内で民主的に当選した七〇％超の与党議員をもつから、強い指導力を発揮できる基礎を得たともいえる。

中華民国初の一九九六年総統直接民選

これ以後、三年の任期ごとに二〇〇三年選出の第六期立法委員までの四回の選挙が実施されることになる。

一九九五年立法委員選挙の結果は、国民党が得票率四六・一％と前回に続いて減少し、初めて五〇％を切ったものの、議席数では定数一六四のうち八五議席の五一・八％を獲得して過半数を確保した。一方、民進党は得票率三二・九％と前回より微増だが、議席数でも三議席を伸ばして五四議席となり、議席率は三二・九％で過去最高を更新した。なお、この選挙では国民党から分裂した「新党」が選挙に参加し、得票率一三％で二一議席を獲得した。国民党の得票率、議席数減少の主たる原因は、民進党の伸張より、与党国民党の分裂にあった。

その新党は、李登輝指導下の国民党が、中国大陸から移転した中国人の政党から、台湾人の支持を重視する政党へと変質することに反対する、大陸から台湾に移転した一世および二世が核となった政党である。国民党の正式名称は、現在でも中国国民党であるが、民主化が進めば、国民の多数を占める台湾人の支持を得なければ政権運営はできないし、それに本人が台湾生まれの台湾人である李登輝としては、国民党の台湾化を図るのは当然の選択だった。しかし、大陸から連綿と続く国民党主流派からすれば、李登輝路線は、蔣介石に連なる中国国民党の本流からの逸脱である。さらに民主化が進めば、数で劣勢の大陸から台湾への移転組は、国民党内でもしだいに政治権力の中枢から追われる可能性がある。そうしたなかで、新たな政党を興して、政治勢力の維持と再興を図ろうとしたのが新党、正式名称中国新党の誕生だった。それは、来るべき総統民選に向けての布石でもあった。

こうして、与党分裂が国民党に大きな危機感を抱かせる状態で、翌年九六年三月の、台湾の中華民国として初めての、総統の直接民選を迎えることになった。

台湾の総統選挙は総統と副総統がペアで立候補する仕組みになっている。九六年の第一回民選では、国民党からは李登輝・連戦が立候補し、民進党からは彭明敏・謝長廷が、無党籍ながら新党が支持する林洋港・郝柏村、そして無党籍の陳履安・王清峰という全部で四組が立候補した。

林洋港は、もともと国民党から台北市長、台湾省政府主席、内政部長（内務大臣）、行政院副院長を務めた国民党エリートであり、郝柏村は、李登輝総統の下で行政院長を務めたこともある、元参謀総長の軍人政治家である。さらに、陳履安は、同じく国民党の李登輝政権で国防部長（国防大臣）、経済部長（経済大臣）を歴任し、さらに中華民国五権体制の一つ、監察院の院長を務めた国民党エリートである。つまり、一九九五年立法院選挙では、国民党は、分派した新党と二分されていたが、九六年総統選挙では、三分裂状態での選挙となった。

選挙結果は、国民党の李登輝・連戦ペアが約五百八十一万票、得票率五四％の過半数を得て、次点の民進党の約二百二十七万票、得票率二一・一％に大きく差をつけて当選した。国民党から分派した林洋港は、百六十万票、一五％、陳履安は百七万票、一〇％の得票に終わった。それにしても、国民党の分派は合計二五％という侮れない得票をしていたのである。

この時点で立法委員選挙、国民大会代表選挙、総統選挙の三つの選挙を終え、中央から地方まですべての機関が、国民あるいは地域住民の直接選挙によって選出される民主体制が台湾において完成したのである。

台北市と高雄市の市長直接選挙

一九九八年立法委員選挙は、台北市長、高雄市長選挙と市議会議員選挙の投票が同日に行われており、この二つの都市についてはいわゆる「三合一選挙」の形となり、その動向が注目された。また、九四年に初めて民選となった台湾省長選挙と、同時に行われていた台湾省議会議員の選挙は、台湾省長と台湾省議会を廃止することになったために行われなかった。

九四年には定数七十九で行われていた省議会を廃止するにあたり、李登輝政権では、前回百六十四であった立法院の定数を二百二十五に増加させた。従来、中華民国の行政院、立法院の基礎となる統治範囲は、面積では九八％、人口でも九〇％が台湾省と重複していた。つまり、中華民国にはほぼ二重の政府、議会が存続していることになる。その台湾省で、直接民選で省長を選出すると、その選挙基盤は総統の基盤とほとんど変わらない。しかも、総統は、対外的に中華民国を代表し、軍の指揮権を持つものの、内政はもっぱら行政院長が担当するのに対して、台湾省長は、台湾省全域の行政を担当する。行政院長は、各行政部門の長である部長を束ねる役だが、台湾省長は、台湾省の行政を一人で責任を負う執行機関である。したがって、行政院長と台湾省長の管轄範囲はほとんど重複していて、しかも、ある意味で台湾省長の権限が非常に強い。

議会についても、九二年に立法委員が総改選になった結果、立法委員は台湾省と直轄市の台北市、高雄市、さらに小さな島嶼部のみの福建省から選出されることになったが、台湾省議会は、その大部分を占める台湾省全域で選出される議会である。この結果、立法院と台湾省議会は、ほとんど重複する存在となった。

つまり、万年代表が総統を選出し、万年委員が立法院の多数派であった期間には存在しなかった、中央政府機関と台湾省政府機関の重複という問題が顕在化したのである。これに対処するために、李登輝総統は、台湾省政府機関を簡素化することにした。しかし、それだけでは移行に際して、それまで省議会議員として活躍してきた人々の行き場がなくなる。それで、立法委員の定数を六十一増の二百二十五として、省議会議員から立法委員への転出を可能にしたのである。

これによって、台湾省議会議員は救済されたが、九四年に民選初の台湾省長に当選していた宋楚瑜は、自分の政治的基盤とポストを喪失することになった。このことが、その後の台湾の政治状況に波紋を投げかけることになる。

こうして一九九八年に定数二百二十五議席で行われた立法委員選挙は、国民党が約四百六十六万票、四六・六％の得票率で百二十三議席を獲得、過半数を維持した。民進党は前回立法委員選挙を上回る二百九十七万票、得票率二九・六％で七〇議席、議席数は伸ばしたが議席率では前回並みであった。

同日に行われた台北市長選挙は、現職の野党民進党の陳水扁に、国民党の若手のホープである馬英九が挑戦する選挙となった。なお、新党からも、李登輝政権下で財政部長（財務大臣）を務めたことがある元国民党エリートの王建煊が立候補した。

結果は国民党の馬英九が七十六万六千三百七十七票を獲得、得票率五一・一一％で勝利し、台北市長の座に就くことになった。民進党・陳水扁は六十八万八千七百二票、得票率四五・九三％であったが、新党・王建煊はわずかに四万四千四百五十二票、得票率二・九六％で、供託金没収の泡沫候補のような結果となった。

この選挙でのポイントは国民党対民進党の構図よりも、第三勢力として登場した新党の存在であった。新党は国民党から分裂して誕生した党で、元の支持層は完全に重複している。国民党と民進党と新党が、普通に支持を競えば、新党も二〇％を超える支持を得た可能性が高いが、その場合、民進党の陳水扁の再選の可能性が高かった。実際、九四年の台北市長選挙では、国民党現職の黄大洲の支持率が上がらない情勢となると、民進党の陳水扁候補と新党の趙小康候補の支持争いにおいて、国民党支持層から黄大洲ではなく趙小康候補に票を投じる動きが見られた。このときは、結果的に陳水扁の勝利となったが、元は一つの国民党である新党と国民党の支持層には、民進党に勝つためには結束するという投票行動があった。しかし、前回はそれが不十分であったために、陳水扁の当選を許した。国民党支持者が、国民党から分派した新党の候補に投票するには心理的抵抗もあったことだろう。ところが九八年は、これとは違う結果となった。

つまり、九八年の場合、新党の王建煊候補より、国民党公認の馬英九候補の方が世論の支持率が高かったので、民進党の陳水扁再選を阻止するために、国民党支持者だけでなく新党支持者が国民党の馬英九候補に票を集めることになった。新党支持者としては、外省人である馬英九候補に投票することには心理的な抵抗は小さい。こうして、九八年の台北市長選挙において、新党候補であった王建煊は、藍陣営支持者の戦略的投票によって、泡沫候補のような得票結果となった。

実際、投票結果を見ると、同時に行われた台北市議会議員選挙の得票率が国民党四〇・一%、民進党四〇・〇%、新党一八・六%であったから、台北市長選挙での新党・王建煊の得票率二一・九六%は市議会での新党支持票より一五%も低かったのである。

二〇〇〇年、民進党陳水扁政権の誕生

二〇〇〇年の総統選挙は台湾の民主主義の歴史において、大きな転換点となる選挙であった。国民党からは李総統の下で副総統を務めた連戦と、行政院長を務めた蕭万長が正副総統候補として党大会で選出された。しかし、その後、九八年に台湾省長の任期を終えるとともに失職した宋楚瑜が、党の決定とは別に立候補を表明したのである。

宋楚瑜は連戦より一般大衆からの支持の強い政治家であったし、省長としての実績と知名度から、自分が次期総統にふさわしいと自負していた。それだけに、李登輝から連戦への禅譲のような国民党の公認候補決定に反発して、立候補を決めたのである。

一方、民進党は、陳水扁・呂秀蓮を民進党公認の総統・副総統候補として決定した。民進党は公認候補決定のために台湾全土で予備選挙を実施しており、元・党主席の許信良と陳水扁が競って、陳水扁が公認を勝ち得た。しかし、許信良は、この決定に納得せず、離党して無所属で立候補した。また、新党からは李敖・馮滬祥が正副総統候補として立候補した。

選挙の結果、接戦で民進党の陳水扁が当選した。得票率は民進党の陳水扁・呂秀蓮が三九・三％、無所属の宋楚瑜・張昭雄が三六・八％、国民党の連戦・蕭万長が二三・一％であった。なお、民進党から分かれた許信良・朱恵良は〇・六三％、新党の李敖・馮滬祥は〇・一三％で惨敗した。この結果、台湾において、戦後五十五年間続いた国民党政権が終わり、台湾史上初めて、一般有権者の選挙による平和的な政権交代として、民進党政権が誕生することになった。

この政権交代の要因には、一九八〇年代末からの民進党支持者の増大もあるが、宋楚瑜の立候補によって国民党支持者の票が割れたことが決定的だった。その意味では、九八年台北市長選挙ではなく、九四年台北市長選挙の再現であった。

総統選挙の勢いを受け、翌二〇〇一年に行われた立法委員選挙でも、民進党は総議席数二百二十五議席に対して八十七議席を獲得し、初めて第一党となった。対する国民党は六十八議席、国民党から分裂した宋楚瑜が結党した親民党は四十六議席であった。国民党と親民党の議席数は、合計百十四議席であり、分裂がなければ立法院の過半数を占めている。

元来、李登輝は民主化過程のなかで、国民党と対抗できる政党の登場を望んでいた。二つの大政党が、議論の末に出した結論が、真に民意を反映すると考えていたからである。二大政党制となれば、いずれかは政権交代が実現するはずであった。しかし、実際に二〇〇〇年に起きた政権交代は、国民の過半数の支持を得る新たな政党の誕生によってではなく、李登輝自らがリーダーを務めてきた国民党の分裂によるものであった。しかも、その分裂の主役となった宋楚瑜は、一連の李登輝改革の一コマであった台湾省の簡素化の結果、失職した国民党エリートであったことは、予期せざる結果であったかもしれない。

二〇〇四年の総統選挙では、現職の民進党・陳水扁総統が二〇〇〇年に続いて再選された。この選挙は投票日前日の午後に、台南市内で遊説していた陳水扁と呂秀蓮が銃撃される事件が発生し、投票前夜の選挙活動、選挙集会が一切中止されるという異常事態のなかで行われた。本来、この銃撃を理由に投票を延期するという選択肢も考えられたが、陳水扁政権は投票を強行した結果、陳水扁・呂秀蓮が五〇・一％、連戦・宋楚瑜が四九・九％、その差は〇・二％、二万六千票の僅少差であった。

立法委員選挙では民進党は前回と同様の八十九議席を獲得して第一党となったが、国民党七十九議席、親民党三十四議席であり、両党の合計百十三議席であり、議席数もほとんど前回選挙と変わらない結果となった。

そうしたなか、注目に値するのは、総統選挙において民進党が過半数を得票したことである。二〇〇〇年総統選挙では、民進党の陳水扁候補は、三九・三％の得票率で、国民党の分裂がなければ当選できない支持率であった。つまり、国民党の支持者が分散したために民進党が漁夫の利を得た形だった。それが、二〇〇四年には、さまざまな要因があるにしても、国民党に対抗してきた二大政党の一方の当事者である民進党が、投票者中の過半数を得たことは歴史に刻まれるできごとであった。

二〇〇八年国民党の政権奪還、馬英九総統の誕生

二〇〇八年の総統選挙は、国民党の馬英九が五八・四五％、およそ七百六十六万票を獲得し、民進党の謝長廷の四一・六％、およそ五百四十四万票に約二百二十万票の大差をつけて破り、民進党から国民党への政権交代を果たし、八年ぶりに政権の座に復帰した。

この民進党の敗因は、第一に陳水扁総統一族のスキャンダルを挙げなければならない。陳水扁総統の第二期政権には、陳水扁自身とその家族による汚職問題が連日マスコミを賑わせ、台北中心部での

抗議行動が続くことになった。

二〇〇五年八月、前総統府秘書長の陳哲男が業者の接待で海外旅行をしたというスキャンダルが発覚し、その後も、総統夫人へのデパート商品券贈与疑惑その他のスキャンダル追及が続いた。スキャンダルは最終的に陳水扁本人にまで波及し、二〇〇八年五月の総統退任後、総統の不起訴特権がなくなった後、陳水扁は同年十一月十一日に総統府機密費流用及び資金洗浄容疑などにより台湾最高検に逮捕された。

逮捕は総統退任後であったが、これらのスキャンダルの噴出により、民進党支持者も衝撃を受け、党の基盤が活力を失ったことは否めなかった。このため、二〇〇八年総統選挙で民進党から立候補することになった謝長廷は、本来の支持基盤がある台湾南部ですら苦しい選挙戦を強いられることになった。

対する国民党の馬英九は台北市長就任以前から、若くクリーンなイメージを持っており、整った容姿と相まって、とりわけ女性からの支持が多かった。二〇〇八年の総統選挙では、半世紀を超える政権維持の歴史の後の八年に及ぶ野党生活から、捲土重来を期して、政権奪還に向けて勢いづく国民党支持者に加えて、馬英九候補が、スキャンダルに苦悩した民進党政権と好対照であったこともあり、政党支持の意識が希薄な中間層からの支持獲得にも成功したことが、総統選挙での国民党大勝の要因ともなった。

このときから総統選挙と同日に立法委員選挙が実施され、立法委員の任期が三年から四年に延長されたこともあって、これ以後の選挙では、総統選挙と立法委員選挙の同日投票が定例化した。また、立法委員選挙については、定数が前回までの二百二十五議席から百十三議席へと半減された。これと同時に、選挙制度が、それまでの中選挙区制から小選挙区比例代表並立制に変更された。

選挙の結果は、国民党が八十一議席、議席率七一・七％で安定した過半数議席を獲得した。民進党は二十七議席と、二三・八％の議席しかとることができず、総統選挙とともに大敗した。

立法院の議員定数の半減は、前回選挙の時の、二大政党の選挙公約であったため、二〇〇八年選挙実施までに立法化され、実現したものである。なお、中華民国憲法では、議員定数や選挙制度は憲法、および憲法の追加修正条文に記載されてきたため、この変更は憲法修正を伴うものであった。

続く二〇一二年総統選挙では、現職の国民党・馬英九総統が再任を目指すことは、国民党の総意であったが、健康上の不安もあった蕭萬長副総統については、呉敦義と交代することになった。つまり馬英九・呉敦義のペアで再選に向けた選挙戦が戦われた。一方、二〇〇八年前後には選挙での敗北以上に打ちひしがれていた民進党は、徐々に生気を取り戻し、民進党結党以前から、台湾の民主化のために戦ってきた闘士たちの世代に変わって、清新なイメージの女性候補、蔡英文が公認候補となった。

投票の結果は、国民党の馬英九・呉敦義のペアが約六百八十九万票で得票率五一・六％、民進党の蔡英文・蘇嘉全が約六百九万票で得票率四五・六％、さらに親民党の宋楚瑜・林瑞雄が約三十七万票で得票率二・七％であった。以上のように、二〇〇八年と比べれば民進党は得票数、得票率ともに伸ばし、差は縮まったものの国民党の馬英九総統の再任が決まった。

立法院選挙は中国国民党が約六百二十三万票、四八・一％で、六十四議席を獲得、議席率五六・六％で過半数の議席を確保した。これに対して、民進党は約五百七十五万票、得票率四四・五％と票を伸ばし、十三議席増の四十議席（議席率三五・四％）という結果になった。

この選挙においては、比例代表において親民党と台湾団結連盟がともに得票率五％の議席獲得基準を突破して、立法院に議席を確保した。

親民党では党首の宋楚瑜が、二〇〇八年総統選挙では立候補しなかったが、そのことが親民党支持者が投票所に足を運ばない要因にもなったとみられ、立法委員選挙でも五％ラインを突破できずに議席をとれない結果になっていた。今回は、総統選挙で当選は難しいとしても、宋楚瑜が総統選挙に出たことが党勢回復の一助になったものと見られる。

国民党の勝因としては、第一次馬英九政権の四年間において大きな失策がみられず、台中関係改善には実績を残したことから、有権者の多くが現状維持を支持したものと見られる。実際、二〇〇八年に政権を掌握すると、最初の一か月間に対中交渉を開始して、中台間の直接交通、貿易に道を拓いた。台湾と中国の双方の窓口機関のトップによる、台湾と中国の間の相互訪問も定期的に実施され、台湾海峡両岸の関係は相対的な安定期となり、経済交流も人的交流も増大した。

一方、従来の台湾独立色から、とりわけ経済人の中から、民進党政権が成立すると、動き始めた台湾海峡両岸の関係が停滞し、経済交流が困難になるとの不安が示されていた。蔡英文候補は、不安の声を払拭すべく、新たな対中関係として「台中コンセンサス」を提唱した。しかし、その内容については、総統当選後に民主的手続きで決めたいというもので、具体的な内容は不明確で、有権者の不安を拭い去る代案の提示とは言えなかった。

しかし、立法院選挙では、とりわけ小選挙区において、前回十二人の当選が、今回は二十七人と倍増しており、政党支持に回復基調がみられ、支持基盤が浸透しつつある印象を残す結果となった。

二〇一六年、三度目政権交代と女性総統の誕生

すでに述べた通り、二〇〇八年五月に馬英九政権が発足すると、六月には中台交渉を開始して、中国側からの観光客受け入れを決め、ただちに直航チャーター便が実現するなど、急速に距離を縮めることとなった。その後の交渉を通じて、二〇一〇年六月には中台間で経済連携枠組協定（ＥＣＦＡ）を締結して、相互の市場開放が急速に進むこととなった。

中台関係の緊密化によって、台湾経済は活性化したかに見えた。台湾を訪問する中国人は日増しに増え、観光地には中国人があふれかえり、台湾の空気は一変した。しかし、中国からの観光客との接触が増えた台湾人の間では、自分たちと中国人とはどうも違うのではないかという認識が広まるようになった。中国人たちは、買い物をしても、レジの前で列をつくらず、我先に支払おうとしたたし、レストランでは大声で叫び合い、時にはテーブルの上に立ち上がって、傍若無人な振る舞いに及ぶこともあったからである。

国立政治大学の選挙研究センターの世論調査によれば、九〇年以来毎年同じ項目で行われている調査の一つ、自分は何人だと思うかという調査で、自分を「台湾人」であると回答した割合が二〇〇八年以降急速に高まり、二〇一五年には六〇％を超えるまでになっている。それまでは、自分は台湾人であるが中国人でもある、と答える者が多かった。しかし中国との距離が狭まるにつれ、いわゆる台湾アイデンティティの意識が高まり、それに伴って危機感が高まることにもなった。

二〇一三年六月、馬英九政権が、中国とのサービス貿易協定に調印すると、台湾人の中で、このまま経済的に接近、融合が進むと、台湾が中国に吸収されるのではないかという危機感が高まることになった。その協定の立法院における審議が着手され、委員会で通過したのが二〇一四年三月十六日だった。

その数日前から、同協定批准に反対する学生たちが立法院周辺に集まっていたが、十八日に、その一部が本会議場に入ってしまった。それ以来四月十日まで、二十三日間に及ぶ立法院本会議場占拠事件、いわゆる「ひまわり学生運動」の勃発である。サービス貿易協定の立法院での批准を阻止しようとした学生たちの運動は、一般からも強い支持を受け、立法院周辺は黒山の人だかりが続いた。その後、立法院長（議長）王金平の介入もあって、同協定は棚上げされることになり、学生たちは平和裏に立法院本会議場をあとにして、この学生運動は終息した。

馬英九政権の対中接近路線に対する危惧の声は、その年の十一月二十九日に投票が行われた統一地方選挙の結果となって現れた。この日、台北市、新北市、桃園市、台中市、台南市、高雄市の直轄市六大都市と、その他の各県市の首長及び地方議会議員選挙の投票が行われた。その結果、六大都市では、台北市、新北市を除く四大都市で民進党が勝利した。全国二二県市でみても、民進党公認候補が一三都市を占め、全体の過半数となる民進党の圧勝であった。

翌年の総統選挙に向けた前哨戦とも見られた統一地方選挙で大勝した民進党は、そのままの勢いを維持して、二〇一六年一月の総統選挙、立法委員総選挙に突入することになった。

二〇一六年一月十六日、総統選挙と立法委員総選挙の同日投票が行われた。民進党は前回二〇一二年選挙と同様に蔡英文を総統候補として公認していた。国民党は紆余曲折の末、朱立倫を立候補させた。また、親民党からはこの度も宋楚瑜が立候補した。

投票の結果、民進党の蔡英文が六百八十九万四千七百四十四票、得票率五六・一二％で当選を決め、民進党への政権交代となった。一方、国民党の朱立倫は三百八十一万票、得票率三一・〇四％で、その差三百万票の大敗であった。なお、親民党の宋楚瑜は百五十八万票、一二・八四％で前回を大幅に上回る得票で善戦した。

立法院でも民進党が定数百十三議席のうち六十八議席、議席率六〇・二％と過半数を獲得した。総統と立法院の過半数を民進党が占め、立法院で過半数の得票率を獲得したのは民進党結党以来初のことであり、地滑り的大勝利であった。

民進党が誕生した一九八六年には、国民党による一党支配体制が台湾に定着してすでに四十年が経っていた。そのとき、行政ばかりではなく、立法も司法も、軍事も外交も、中華民国のすべては国民党の支配下にあった。一方、民進党は、違法状態のなかで産声を上げた。そこから三〇年を経て、民進党は国民党の分裂、いわば敵失による漁夫の利ではなく、政策と政党支持の競争において、国民党を凌駕し、政権を掌握し、立法府に過半数の支持を得たのである。

その間には、国民党の分裂という僥倖から成立した陳水扁政権の経験と、民進党の信頼の喪失、そして雌伏の時期を経てから再び支持を回復して、この時を迎えたのであった。

台湾は民主主義国である。台湾では、正当な手続きで、複数の政党が政策を掲げ、候補者を募り、正々堂々の競争を通じて国民の支持を集める競争を繰り広げる。勝利した政党が政権を掌握する。外国の干渉によって政権が支えられるようなことがあってはならない。

しかし、政権交代は民主主義国の常である。今後もさまざまな政党が政権に挑戦し、勝利と敗北を繰り返すことだろう。いずれにしても、台湾の人々が台湾の未来を信じ、台湾の発展を支えようとする限り、台湾の民主主義は、将来の台湾をさらに輝かしい社会に築き上げる原動力になるに違いない。

主要参考文献

柯旗化『台湾監獄島』イーストプレス 一九九二年

井尻秀憲『台湾経験と冷戦後のアジア』勁草書房 一九九三年

浅野和生『君は台湾のたくましさを知っているか』廣済堂書店 二〇〇〇年

浅野和生『台湾の歴史と日台関係』早稲田出版　二〇一〇年
日台関係研究会編『辛亥革命一〇〇年と日本』早稲田出版　二〇一一年
浅野和生編著『民進党三十年と蔡英文政権』展転社　二〇一七年
楊合義『台湾の変遷史』展転社 二〇一八年

第三章　中華民国の台湾化——「省」の廃止と六大都市の設置

東洋大学アジア文化研究所客員研究員　山形勝義

はじめに

本章では、第二次世界大戦後の台湾における省と地方制度の関係について述べる。すなわち、最上位の地方政府（地方自治体：台湾では地方政府という）として同格の省と、行政院の直轄市が、台湾でたどってきた経過について概観する。合わせて直轄市の設置と六大都市化についても述べる。

戦後の台湾では、中央政府である「行政院」と省政府である「台湾省」の行政管轄が大幅に重なるという状態があり、これが複雑な台中関係を反映していた側面があった。しかしながら、二十世紀末には台湾省の省政府機構を、いわば箱だけ残して中身をなくす「精省」を進め、二〇一八年には「省」そのものを事実上廃止させることになった。

本章では、台湾における「省」の設置から廃止に至るまでの経過と、中央政府としての行政院の直下にある「直轄市」が台湾において設置されてきた経過を説明することで、台湾の現状への理解を深める一助としたい。

「台湾省政府」の前身としての「台湾省行政長官公署」

一九四五年八月、日本は「ポツダム宣言」を受諾し、中華民国を含む連合国に降伏した。日本が受諾したポツダム宣言には、一九四三年十一月のカイロ会談後に発表された「カイロ宣言」を履行することが規定されていたが、そのカイロ宣言には、連合国が対日戦争に勝利した暁には、台湾と澎湖諸島を連合国の一員である中華民国に返還することが謳われていた。これに基づき、日本の支配から解放された台湾は、中華民国に「台湾省」として編入された。中華民国ではカイロ会談以降、日中間の戦争を継続しつつ、日本の降伏と台湾の「光復」を前提として、台湾接収に備えた具体的な準備が進められていた。

一九四五年九月一日、当時「戦時首都」とされていた重慶国民政府において、台湾の最高行政機関となる行政長官公署と台湾省警備総司令部（警備総部または警総とも称する）が成立した。これに先立って元福建省主席の陳儀が、八月二十九日に蔣介石によって台湾における最高行政首長である行政長官に任命された。そして中華民国国民政府は、九月二十日、台湾省行政長官公署組織条例を公布した。その後、一九四五年十月五日、台湾省行政長官公署前進指揮所が台北に設置された。この行政長官公署は、一種の臨時組織であり、各種の権限を一元化することで台湾の接収を滞りなく行うことを目的として置かれたものである。実際には、日本統治時代の台湾総督府の官公庁の組織を多くの部分で受け継いでいた。同署には、行政長官の下に秘書課、民政課、教育課、会計課、工鉱課、農林課、交通課、財政課、警務課などが設けられた。

一九四五年十月二十五日、台北市の台北公会堂（現在の台北中山堂）で台湾受降式典が開催されると、陳儀は蔣介石の代理として、第十九代台湾総督安藤利吉から降伏状を受領するとともに、台湾と澎湖諸島の中華民国への編入を宣言した。

これ以後、台湾では十月二十五日が「光復節」とされている。大陸各地の省政府とは異なり、以上のような台湾省行政長官公署が設置されたことは、日本から行政権を受け継いだ台湾が、中華民国の「特別行政区」であったことを意味している。首長である行政長官は、中央政府によって直接任命され、行政、立法、司法の権限を一手に握っており、中国本土の省主席とは比べものにならない強力な権限を持つ存在であった。さらに、行政長官の陳儀は、台湾省警備総司令を兼任し、軍隊や憲兵への指揮権も有していた。

一九四五年十二月六日には「台湾省省轄市組織暫行規定」が公布され、台湾省に属する市、すなわち省轄市の市長については、行政長官による任命制が定められ、行政長官公署の指揮、監督の下で行政事務を行うものとされていた。これにより、台湾省行政長官には、省内の市政に対しても監督権が保証された。

このような強大な権限を持つ行政長官の下で、日本統治の行政機構の接収とともに地方行政区画の再編成が行われた。一九四五年十二月二十五日には、日本統治時代最後の行政区画である五州三庁十一市は、八県九省轄市に切り替えられた。すなわち、日本統治時期最後の行政区画は、①台北州、②新竹州、③台中州、④台南州、⑤高雄州の五州と、①台東庁、②花蓮港庁、③澎湖庁の三庁、および①台北市、②台中市、③台南市、④基隆市、⑤高雄市、⑥新竹市、⑦嘉義市、⑧彰化市、⑨屏東市、⑩宜蘭市、⑪花蓮港市の十一市であった。これが中華民国の台湾省としては、①台北県、②新竹県、③台中県、④台南県、⑤高雄県、⑥花蓮県、⑦台東県、⑧澎湖県の八県と、①基隆市、②台北市、③

新竹市、④台中市、⑤彰化市、⑥嘉義市、⑦台南市、⑧高雄市、⑨屏東市の九省轄市に改められた。さらに、台北県に宜蘭市、花蓮県に花蓮市という二つの県轄市も設置された。そして、市のもとに区を置く一方、旧来の街・庄を郷・鎮へと名称を改めて、これらを県の下に置くことにした。このとき、台北市は省轄市の中で別格とされ、全省で唯一の「一等市」となった。

また、一九四五年十二月二十六日、国民党政府は「台湾省各級民意機関成立方案」を公布して、各地に県・市参議会を成立させた。一九四六年二月から四月にかけては、末端レベルである区・郷・鎮の「民意代表」にはじまり、県・市参議員と省参議員を選ぶ一連の地方選挙が実施された。こうして、一九四六年五月には、台湾省参議会（所在地は、現在の二二八国家記念館：台北市中正区南海路54号）が成立した。

「台湾省行政長官公署」廃止から「台湾省」政府の誕生

しかし、陳儀は、台湾省行政長官就任から一年五か月後、一九四七年二月二十八日に発生した、いわゆる二・二八事件とその後の対応の混乱の責任を取るかたちで免職となり、そればかりではなく、行政長官の職そのものが廃止されることとなった。すなわち、一九四七年四月二十二日に、行政院は「行政長官公署」を「台湾省政府」に改組した。これにより、陳儀に代えて魏道明が初代の台湾省主席となった。さらに二・二八事件への善後策として、蔣介石は県・市長の住民による直接選挙の早期実施を含む、政治改革を住民に約束した。

このとき、台湾省政府は台北市に置かれていたが、その後一九五六年、国民政府は、事実上の首都である台北市とは別に、南投県南投市中興新村という、台湾の地理的中心地に台湾省政府を建設することとした。

なお、中興新村における台湾省政府の建造物は、イギリスの田園都市を参考にして構築され、その完成を待って一九五七年に省政府の機構を台北市から移転させた。

中華民国憲法における「省」と「直轄市」の規定

一九四六年十二月二十五日、中華民国憲法が制定され、年が明けた四七年一月一日に公布され、同年十二月二十五日に施行となった。これは中華圏初の近代憲法の制定、施行である。同憲法は、全十四章百七十五条から構成されているが、その前文には、中華民国は孫文の三民主義に基礎をおく国家であるとし、孫中山の遺教に依拠して、国権を強固にし、民権を保障し、社会の安寧を確立し、人民の福利を推進するためにこの憲法を制定し、全国に頒布施行し、永く普く遵守することを誓う、と定めている。また、主権在民と民族間の平等を原則とし、青天白日満地紅旗を国旗とした。

さて、一九四七年施行の中華民国憲法第一〇九条によると、外交、国防、国籍、国税など国家そのものに属する事項は中央政府の管轄であるが、「省の教育、衛生、実業及び交通」「省の財産の経営及び処分」「省の市政」「省の農林、水利、漁業牧畜及び工事」「省の財政及び税金」「省立銀行」などの立法、執行権が「省」に与えられている。すなわち、憲法制定当時の中華民国は、その領土が中国大陸と台湾を含むものであり、河北省、浙江省、四川省などと台湾省を含む三十五の省から構成される巨大な国土を有しており、中華民国は省を単位として構成される国家であった。

一方、同憲法は、第一一八条に「直轄市の自治は法律をもって定める」として、「省」と同級の地方制度として中央政府の直轄市を置くことを規定した。つまり、憲法は、中央政府に直属する地方政府として、「省」と「直轄市」を置くと定めた。なお、直轄市については、省に関する「省県自治規則」とは別の規定が置かれ、中央による直接管理に便宜が図られている。

一九四七年の憲法施行後、国民党政府は人口百万人以上を基準に、大陸各地の十二の都市を直轄市と定めた。すなわち、南京、上海、漢口（現在の武漢）、北平（現在は北京）、天津、青島、広州、重慶、大連、哈爾濱、瀋陽、西安である。このころ台湾にはこの規定に合う都市が無かったため直轄市は存在しなかった。

それから二年後の一九四九年、国民政府軍と中国共産党の人民解放軍との内戦の結果、中国共産党側が優勢となって、十月一日、北京で毛沢東が中華人民共和国の成立を宣言した。これに続いて十二月七日、国民政府が南京から台北へと移転した。しかし台湾に移転した中華民国政府は、その後も中華民国憲法を遵守し、中華民国が中国を代表する唯一の政府であり、中国大陸と台湾の両者を含む全土を支配するという建前を継続させた。実のところ、台湾移転後の中華民国政府の統治範囲は、台湾省と金門県（金門島）、連江県（馬祖島）のみとなっていたが、中国全土の政府であるとする立場を国際的にも国内的にも維持したのである。なお、一九四五年に戦後の世界平和を保つための国際機関として成立した国際連合においては、中華民国が中国を代表する政府として、また連合国の中でも主要国の一つとして原加盟国となり、安全保障理事会の常任理事国ともなっていた。この国連における立場は、中華民国政府の台湾移転後も一九七一年まで継続した。

ところで、一九四九年一月、蔣介石は陳誠を台湾省主席に任命した。陳誠は就任時に「人民至上、民生第一」のスローガンを掲げ、①土地改革（農地改革）、②地方自治の実施の二点を政策目標として打ち出した。これらの政策の執行については、陳誠は混乱が続く中央の立法を待たずに、台湾省では実施に移した。

一九四九年七月、陳誠は、省政府内に省参議員を中心とした「台湾省地方自治研究会」を発足させ、その席上で、省長を住民の直接選挙で選ぶことなど八項目の提案を行った。その後、同年十二月に同研究会から、「台湾省各県市実施地方自治綱要」草案が省政府に提案された。

国共内戦と動員戡乱時期臨時条款の制定

国共内戦において中国共産党の人民解放軍が優位となるなか、国民政府では、この内乱を平定する時期の臨時法という意味の「動員戡乱時期臨時条款」（四月十八日制定、五月九日公布）が制定された。この臨時条款は、内戦遂行のため、憲法の規定に拘束されない強大な権限を総統に与えるもので、施行後半年にして、憲法の定める権力分立制などの規定が執行されないことになった。また、地方自治も、規定通りに実施できなくなった。

また、台湾では同じく四九年五月に戒厳令が施行され、臨時条款と合わせて、言論、集会、結社、出版の自由など国民の権利が大きく制限されて、新たな政党を結成することは出来なくなった。こうして、台湾では、中国国民党一党支配による権威主義体制が形成された。なお、台湾における戒厳令は、一九八七年七月に解除されるまで、実に三十八年間にわたって継続することになり、世界史上の奇観を呈することになった。

一方、一九四九年十二月の中華民国政府の台湾移転後、陳誠が台湾省政府主席の辞任を申し出てこれが認められると、後任として呉国楨が台湾省政府主席兼保安司令に就任した。その後、陳誠は、一九五〇年三月、蔣介石総統によって行政院長に任命された。

行政院長となった陳誠は、同年、地方自治の拡充強化のために「台湾省各県市地方自治実施綱要」とあわせ「台湾省各県市行政区域調整方案」を制定して、行政命令によって地方選挙を開始することにした。これにより、県・市長と県・市議会議員が住民の直接公選で選出される二元代表制がスタートすることになった。

一方、一九五〇年五月から立法院で、省長民選を含む「省県自治通則」草案の審議が始まり、九月には二読審議まで完了していたが、同通則の審議は、行政院が「時局が有利になるまで」成立は待つべきだと主張したため、突然中止に追い込まれた。こうして、県市の首長と県市議会議員については行政命令で直接民選が実現したが、「省県自治通則」は成立せず、省長民選は実現しなかった。

また、台湾省政府主席の呉国楨は、一九五〇年九月に地方行政区画を五市十六県に再編した。このときの改編では、地方統治の効率と地方経費が相反する大・小県制を廃して、両者が調和する中県制をとることとした。すなわち、台湾省に台北市、基隆市、台中市、台南市、高雄市の五個の省轄市を置くとともに、台北県、宜蘭県、桃園県、新竹県、苗栗県、彰化県、台中県、南投県、台南県、嘉義県、雲林県、高雄県、屏東県、台東県、花蓮県と澎湖県の十六の県が設置された。合わせて、旧郡役所であった区署を廃止し、県の下の郷・鎮を改めて郷・鎮・市に再編して、十六県の中に六つの県轄市を設置した。こうして台湾の地方制度は、中央政府たる国民党政府・行政院のもと省―県および省轄市―郷・鎮・市(県轄市)という三層制になった。

台湾における行政院直轄市の誕生

一九六五年三月五日、台湾省政府主席から行政院長を歴任し、蔣介石に継ぐナンバー2と見られていた陳誠が死去した。するとこの年一月から国防部長に就任していた蔣経国が陳誠に代わって、しだいに政治の表舞台に登場することになり、蔣介石から蔣経国へ権力の世襲化が図られることになる。

その後、国民党政府は一九六七年に、台湾省管轄の省轄市であった台北市を省と同格の行政院直轄市に昇格させた。

一九七五年に蔣介石が死去すると、憲法の規定によって副総統であった厳家淦が総統の任に着くとともに、一九七二年に行政院長に就任していた蔣経国が蔣介石のあとを継いで国民党主席となった。蔣経国は、一九七八年、前任総統の任期満了を受けて、国民大会により第六代総統に選出された。

その翌年、一九七九年、高雄市が行政院直轄市へと昇格した。なお、行政院直轄市は院轄市とも直轄市とも呼ばれたが、一九九四年の法改正で、直轄市が正式の名称として確定している。

このとき、台北市の院轄市化の際には一九六七年六月二十二日に「台北市各級組織及び地方自治実施綱要」が制定され、高雄市の場合には一九七九年六月二十二日に「高雄市各級組織及び地方自治綱要」を制定して、直轄市を他の地方自治体と区別して、市長を民選から中央政府行政院の任命職とし、市政が行政院の指揮監督を受けるよう改めた。つまり、直轄市化は民主制の拡大強化ではなく、主要都市に対して中央政府の指示が及びやすくするものであった。

国民党政府は、その際、両直轄市に隣接する県の郷鎮を市に編入させた。この時期の直轄市では、市長が中央からの派遣であるばかりではなく、中央から投入される大量の行政資源を擁する一方で、市議会を意見表明の機会に限定して、立法権のない民意機関とした。こうして、台湾の地方制度は、行政院直轄市と省—県と省轄市—県轄市、区、郷、鎮、村、里となった。

以上の制度変遷とは別に、台湾では、国民党以外のいわゆる党外人士が地方選挙を通じて政治の場に登場し、次第に反国民党の政治勢力が構築されはじめた。それを確固たるものにしたのが、一九七七年の地方選挙である。この選挙で二十名の県・市長のうち県・市長それぞれ二名ずつ、任期が四年となっていた第六期省議会議員七十七名のうち二十一名、省議会議員と同レベルである台北市議会議員五十一名のうち八名の党外人士が当選した。この成果が、翌一九七八年の中央民意代表、すなわち立法委員および国民大会代表選挙における党外人士の進出に弾みをつけることになった。

いずれにしても、前述のごとく一九四九年五月に戒厳令が施行され、住民の言論や結社の自由は著しく制限されていた一方で、不完全ながらも地方自治が実施され、定期的に地方選挙が行われたのである。こうして地方選挙の経験が蓄積されていたことが、後の国政レベルの民主化に基礎を提供することになった。

戒厳令解除

一九八七年七月十五日午前零時、蔣経国総統の中華民国政府は、一九四九年五月以来継続していた戒厳令を解除した。この戒厳令解除は、台湾政治の大きな転換点であり、その後の民主化のスタート地点となった。また、それから半年後の八八年一月十三日、蔣経国総統が急逝すると、憲法の規定により副総統であった李登輝が総統の任に就いた。さらに一月二十七日、一党支配を続ける国民党の主席にも選出された。

さて、一九八九年十二月二日に、立法委員、台湾省の省議会議員と台北・高雄両直轄市議会議員、各県・市長の同日選挙が実施された。このような同日選挙は十二年に一度の機会であった。これに先立って一九八六年九月に民進党が結成されており、また前述のとおり戒厳令が解除され、新たな政党結成を禁止する党禁も解除されていたため、このときの選挙には多くの政党が参加した。その結果、いずれの選挙でも、民進党を主とする非国民党勢力が躍進した。

特に立法院では、改選議席数百一名のうち党外人士が二十一議席を獲得して、法案提出資格を得た。これによって存在感を示すようになった野党勢力は、国民大会・立法院・監察院の「万年委員」「万年国会」体制への批判の声を強めることになった。

民主化要求の高まりの中で、年があけて一九九〇年になると、次期総統を選出する国民大会が開催された。それに先立って国民党大会が開催された。つまり、当時の台湾においては、国民党の決定があって、国政が動くという手順が定式化されていた。このとき、蔣経国総統の残任任期を務める李登輝総統の再任をめぐって、党内に異論が出るなど「二月政争」と呼ばれる状況となったが、結局は李登輝総統を国民党公認候補に決めた。

すると、三月十六日から台北中心部の中正紀念堂広場に、学生が集まって、民主化の政治改革を求める示威運動が開始された。後に「野百合運動」と呼ばれることになるが、学生の代表が国民党本部に押しかけ、①国民大会の解散、②動員戡乱時期の解除、③国是会議の開催という三点の要求を突きつけた。すると、李登輝総統は、学生の代表と会うとともに、その要求に耳を傾けた。

結局、三月二十一日に国民大会において総統選挙が行われると、順当に李登輝総統の再選が決まった。学生たちは、この結果を受けて三月二十二日には中正紀念堂広場から去っていった。

再任された李登輝総統は、学生の要望を実現するかたちで国是会議を開催した。国是会議は、国民党に加えて野党代表からも参加を求め、各界各層代表を網羅した憲法外の会合である。法的な基礎を持たないいわば総統の諮問機関であったが、国民大会や立法院など、憲法に基づく民意代表機関の多数が万年代表、万年委員に占められていたため、そこでは実際の民意を十分に反映できなかった当時、このような非常手段を用いて民意を知る機会としたものである。

国是会議では、①万年議員の早期退職を含む国会改革、②台湾省政府主席と台北・高雄両直轄市長の直接民選を含む地方自治の促進、③総統の直接民選を含む中央政治体制の改革、④動員戡乱時期臨時条款の廃止と憲法の改正施行、⑤二千万台湾住民の安全と権益を最優先し海峡両岸の仲介機関を設立する大陸政策の推進、の五点の共通認識を得た。この共通認識は、法的拘束力を持つものではなかったが、李登輝総統は、これを台湾の民意の表出として取り扱い、順次実現してゆくことになる。

李登輝総統の民主化と各級選挙の実施

一九九一年四月、李登輝総統は「動員戡乱時期臨時条款」廃止のため臨時国民大会を開催させ、合わせて一九九一年末をもって万年議員の任期を終了すると宣言した。こうして「臨時条款」は廃止され、国共内戦状態は台湾において法的に終結させられ、台湾の非常時体制が解除されることになった。

この国民大会では、中華民国憲法の第一次憲法追加修正がなされ、中華民国の実効統治範囲を「自由地区」、統治していない領域を「大陸地区」と区分しての取扱いを決定した。そして、第一期国民代表および委員、いわゆる万年代表、万年委員を廃止し、「中華民国自由地区」で民意代表選挙を実施することとした。こうして、台湾において、ようやく本格的な民主選挙を行う前提条件が整えられたのである。また、中央民意機関の改革とともに、地方自治関連制度について障害が撤去されることになる。

第一期の国民大会代表と立法委員すべてを引退させ、新たな第二期国民大会代表および立法委員を選出する選挙は、一九九一年から一九九二年にかけて実施された。さらに、一九九三年には統一地方選挙が実施されることになった。この統一地方選挙では、国民党が初めて得票率で五〇％を割り、民進党が躍進した。

なお、国是会議の合意事項である台湾省政府主席と台北・高雄両直轄市長の直接民選は、省県自治法、直轄市自治法制定の後、一九九四年に実現することになる。

「省県自治法」と「直轄市自治法」自治二法の制定

李登輝政権下に実施された一九九四年の第三次憲法追加修正では、総統による行政院長任命の際に立法院の同意を不要とするとともに、総統は必要に応じて立法院を解散できるものとして総統の権限を強化した。一方、行政院長は立法院の解散を総統に請求できるようにし、立法院は行政院長に不信任をつきつけることができるようにするなどバランスをとるものでもあった。このため、立法院は正・副総統に対する弾劾権を持つこととした。

第三次憲法追加修正以後、立法院では「省県自治法」と「直轄市自治法」が第三読会を通過して制定された。その施行は、七月二十九日である。これによって、台湾省長、台北市と高雄市の直轄市の市長は、行政院による派遣から直接民選による選出に改められた。

他方、これに先立って一九九〇年の大法官会議が第二五八号解釈において、台湾では直轄市は「省と同級の地方自治団体であり、憲法上の地位、権限責任、財源および財政負担も省相当とする」という憲政原理を確立していた。

以上の法に則って、一九九四年十二月、台湾省長と台北・高雄両市長の選挙が行われた。省長選では、それまで行政院の任命によって台湾省主席を務めていた国民党の現職、宋楚瑜が民進党の陳定南らを破り、初代の民選省長に就任した。一方、台北市長選では、民進党の陳水扁が国民党の官選現職市長、黄大洲を破った。しかし高雄市長選では、国民党の官選現職市長・呉敦義が民進党候補張俊雄の挑戦を退けた。こうして、南北の直轄市市長選挙では、与野党一勝一敗という結果となった。

「台湾省」の凍結

ところで、台湾省は中華民国の実効統治が及ぶ自由地区の九八%の面積と八〇%の人口を占めており、中央政府と省政府の行政管轄権が大幅に重複するという課題があった。すでに述べたように、中華民国憲法体制では、各省の行政は省政府が責任を持ち、中央政府は全国の省を統合し、国防・外交など国家としての役割を専ら果たすように責任を分担することが想定されていた。しかし、台湾移転後の中華民国には、台湾省以外の省としては、金門島と馬祖島だけを管轄する福建省があるばかりで、それ以外に省はない。したがって中央政府としては、全国の多数の省を統合するという機能はほとんど不要である。実際には、中華民国とは、台湾省とほとんど同義になっていたのである。それなら、台湾省政府と別に中央政府が存在することは不効率なだけで、省単位の地方行政を基礎としてその上に中央政府が乗る中華民国憲法の構造を遵守することは、無用に煩雑な政治・行政制度の存続を意味するだけである。

この問題に対する李登輝国民党政権の対処策は、省の簡素化、すなわち「精省」であった。国民大会では、一九九八年十二月二十日の第四次憲法修正を決定し、中央直轄市の台北市と高雄市を存続させるとともに、台湾省の省長と省議会議員の選挙を凍結して、民選による省長と省議会を廃止することとした。つまり、一九九四年からようやく実現した、台湾省および省議会の民主化、省長の住民直接民選は、一回だけ実施されて二度目はないことになった。

これによって台湾省の行政機関は、中央政府からの指示を執行するだけの組織となり、それに必要がない部門は廃止されることとなった。このため、中興新村からは相当数の公務員が去ることになった。

この第四次憲法修正では、民選の省長の代わりに九人の委員からなる省政府を設けることとし、その中の一人を主席とすることになった。また、民選の省議会を廃止して諮問議会を設け、諮問委員若干名を置くこととしたが、省政府の委員も諮問委員も直接民選ではなく、行政院長が総統に対して任命を要請するものとなった。

以上のように、省政府は、簡素化しつつ形式的には維持されることとなったが、中央政府の決定を執行するだけなら、従来の省機関のすべてが存続する必要はない。そもそも台北市と高雄市は、地方自治機関であると同時に、中央直轄市として、行政院の指示を直接執行する機関でもあった。この点、台湾省内の県、市の場合でも、それまでの省政府機関からの指示に替えて、中央政府からの指示を県、市政府が執行することが可能である。つまり、残された省政府の機関はなくても、行政院の指示を全国で執行できる。このため、一九九八年の省長、省議会議員の任期満了を待って新たに設置された省政府の委員、諮問議会はしだいに形式的な存在になっていく。

特に、二〇〇〇年の総統選挙で、台湾は台湾であって中国でなくても良いと考える民進党の陳水扁が総統になると、全国の省に立脚した中華民国中央政府という形式を尊重しないので、省の機能を軽視する傾向が強くなった。これによって、台湾省の機関は形式のみをとどめることとして換骨奪胎が進むことになった。

この結果、第四次憲法修正後の実態としては、中央政府の下に、直轄市としての台北市、高雄市があるほか、台湾省という枠だけを残して、実際には台中市、台南市や台北県、新竹県など、市と県の機関が地方自治と地方行政を担うこととなった。

ところで、中華民国政府の実効支配領域として、台湾省以外の地域である金門県（金門島）および連江県（馬祖列島）を管轄する福建省政府については、一九九六年一月十五日、地方政府としての機能を凍結していた。つまり、福建省政府の機関は、中央政府である行政院の出先機関となり、中央の決定を執行するだけの組織と位置付けられた。しかし、そもそも福建省政府には、台湾省のような省議会は置かれておらず、省議員選挙が実施されたこともなかった。一九九四年に台湾省長が、台北市、高雄市の中央直轄市の市長とともに直接民選で選出された際にも、福建省長選挙や福建省議会議員選挙は実施されてない。これは、金門島および馬祖島が、中国大陸の福建省の海岸線からわずか数キロしか離れていない中国大陸沿岸の小さな島嶼であるという地理的条件と、一九四九年に人民解放軍が上陸作戦を実行し、一九五八年以後も二十年にわたって中国軍による砲撃が続けられてきたという、最前線の島としての歴史の反映でもある。

つまり、一九五〇年以後も、福建省部分の島嶼は、長い間戦時態勢下に置かれており、福建省については当初から中央政府が直接管轄していたのである。

しかしながら、形式的存在とはいえ、省政府の機関が存在する以上は、オフィスが置かれ、人員が張り付けられることになる。したがって、台湾省政府にも、金門島と馬祖島だけの中華民国福建省にも人事と予算が存在し続けた。

戒厳令および動員戡乱時期臨時条款が存続した時期には、法的にも国共内戦が継続しており、「大陸反攻」の建前は維持されて、中国大陸の各省も中華民国政府が統治すべき地域であった。そして将来、中国大陸の領土を奪還するときがくれば、大陸の各省は中華民国の管轄に入り、中華民国行政院は、多数の省を統合することが主要な機能となるはずであった。

蒋介石、蒋経国の国民党一党支配体制の時期には、この構造は国際社会において中華民国の正統性を保証するためにも尊重されていたが、李登輝総統の時代になると、これは虚構となり、これとは別に台湾の中華民国としての実務外交を展開されることになった。李登輝は、台湾の現実に中華民国体制を適合させようとした。それが、度重なる憲法修正となったのであった。第四次憲法修正では、台湾省について、いわば箱だけ残して実体をなくす「精省」を実行し、省政府の機構は行政院の出先機関として中央政府に組み込み、台湾省の行政機能をほぼ凍結する「虚省化」を進めることになったのである。

「地方制度法」の制定による直轄市の規定

第四次憲法追加修正の結果として、中央直轄市の制度と従来の省内の県・市の制度の併存が問題となり、「直轄市自治法」と「省県自治法」を合わせて、一九九九年一月二十五日に「地方制度法」を制定した。

台湾省の簡素化の結果として、省内の県市は、実質的に中央政府の指示を直接執行することになるため、ある意味で「直轄市化」となる趨勢があったのである。しかしながら実際には、県市は、直轄市とは人事、職権や財政資源において雲泥の差があった。また、台湾省が実質的に存在した期間には、省政府が省内の県、市、郷、鎮などの各地域間で、財政の剰余と欠損の調整を行ってきたが、省が形骸化するとその機能がなくなり、中央政府がその役割を担う必要が生じた。他方、各県市としてはより大きな権限、財政を求めて「直轄市」への昇格を希望することとなった。

一九九九年一月、「地方制度法」が制定されるとともに、台湾各地の県市から直轄市への昇格を求める声が顕在化した。同法第四条は「人口が百二十五万人以上に達し、なおかつ政治、経済、文化と地域の発展上、特に必要性がある地区に直轄市を置くことができる」と規定していたからである。

地方制度法が制定される以前の「直轄市自治法」と「地方制度法」とを比較すると、直轄市化のための人口要件が百五十万人から百二十五万人に引き下げられた。これによって、従来以上に多くの地域が、合併も含めて直轄市化を求めることになった。

しかしながら、地方自治体の行政区画の調整には「行政区画法」の制定が必要であった。これには選挙区の調整も必要になるのだが、そうなると立法委員の根本的な利害にかかわるため、立法院での法案通過は容易ではなかった。

実際、地方制度法が施行されても、台北市、高雄市以外の中央直轄市はなかなか誕生しなかった。二〇〇〇年の民進党、陳水扁政権の誕生から七年を経た二〇〇七年五月二十三日、地方制度法が改正された。すなわち第四条の規定を、「居住人口二百万人以上の場合、直轄市への改正前でも、第三十四条、

第五十四条、第五十五条、第六十二条、第六十六条、第六十七条その他の直轄市の規定に関する法律は、これを準用する」と改めて、これを「準直轄市」とすることにしたのである。これが、新たな直轄市誕生に道を拓くことにもなり、台北県が準直轄市扱いとなった。

馬英九総統による「直轄市」構想

二〇〇八年、国民党の総統候補であった馬英九は、選挙期間中に台湾省の行政区画を三都十五県とする構想を発表した。この構想は、大都市の発展の趨勢と市民の生活圏拡大への考慮を通して、行政区画の見直しを進め、大都市区域の統治範囲の拡大刷新と、完結的な行政地域の構築によって、台湾各地のバランスのとれた発展を促進し、台湾の都市が国際競争力を備えられるようにと考えだされたものであった。

三都十五県の三都とは、従来の台北市と高雄市の二つの直轄市をそれぞれ広域化するとともに、中部に新たに直轄市としての台中を設置する構想であった。すなわち、台北市は台北県および基隆市と合併させ、高雄県は高雄市に編入させ、台中県と台中市を合併させて直轄市に昇格することで、北、中、南に三大都市区を形成させる計画であった。また、十五県については、新竹県と新竹市、台南県と台南市を合併させることを提案していた。

馬英九案では、中央直轄市は、重要都市を中央政府が掌握するという「直轄」の意義を重視するというより、大都市区を単位とする地方分権を進めて、行政改革と地方の活性化を進めるための行政区として構想されていた。

二〇〇八年総統選挙で、国民党公認の馬英九は他候補に大差をつけて勝利するとともに、同時に行われた立法委員選挙でも、国民党が過半数を制する勝利を収めた。この国民からの支持を背景に、馬英九政権は、選挙で掲げた政策構想の実現を図っていく。しかし、三都十五県の構想については、政策実現の過程において意外な変化を蒙ることになった。

二〇〇八年五月二十日、総統に就任した馬英九は、三都十五県構想を実現するため、地方制度法の改正に取り組む。まず、二〇〇九年には立法院で、地方制度法の一部を改正して、直轄市昇格のための手続きを規定するとともに、行政区画法において、昇格する直轄市の定義を定めた。こうして、二〇〇九年四月十五日に改正地方制度法を公布し、六月下旬には行政院で、実際に県・市の合併により直轄市への昇格を目指す地域を確定した。

しかしながら、立法院では直轄市への昇格の順番等を巡って激しい論戦が行われた。この結果、すべての自治体に同じ基準を適用することを確認し、馬英九案のように事前に昇格の順番について予定を設けないこととなった。

六大行政院直轄市の誕生

二〇〇九年六月までに、行政院には直轄市への昇格・合併を求める全部で七件の申請が出されていた。すなわち、①台北県の単独昇格、②台中県と台中市の合併昇格、③台南県と台南市の合併昇格、④高雄県と高雄市の合併昇格、⑤桃園県の単独昇格、⑥彰化県の単独昇格、⑦嘉義県と雲林県の合併昇格である。

行政院の内政部改制審査会議はこれらの申請を検討した結果として、二〇〇九年六月二十三日、①から④の案を承認して通過させ、⑤案は二〇一三年一月に承認する予定として、⑥と⑦案は認めなかった。審議時間を短くして実現を促進しようとしたことと、さまざまな政治的な駆け引きの結果として、総統選挙時における馬英九の構想とは異なることとなったのである。

とりわけ首都台北市については、馬英九の構想では、台北市を取り巻く台北県と、北方の港湾都市である基隆市とを合わせて一つの大きな直轄市とする予定であったが、従来の台北市をそのまま直轄市として残して、周囲の台北県が新たな直轄市に昇格する一方、基隆市は従来通りの市に取り残されるという結果となった。他方、もともと昇格の予定のなかった地域、台南県と台南市を合併させることで、新たな直轄市を産み出すことになった。つまり、馬英九の三都構想実現に向けて動き出した地方制度改革は、五都を産み出す結果となったが、従来の県におかれた県轄市をどうするかなどの問題は未解決で残されることになった。

この問題を解消するため、新直轄市の発足に先立って、二〇一〇年一月二十九日に地方制度法が改正され、県市を直轄市へ移行する際の詳細が規定された。すなわち、直轄市に昇格して以後、それまで県内に置かれていた県轄市と郷・鎮は区に改変され、直轄市の出先の行政機関となる。これに伴って、それまでの県轄市長、郷・鎮長の選挙は廃止されて直轄市の市長の任命職となり、また県轄市・郷・鎮に置かれていた議会は廃止されて、これに代えて区政諮詢委員が置かれることとなった。つまり、地方自治体としての県轄市、郷、鎮は、地方自治体ではなくなって、直轄市の行政執行機関に変わることになった。その意味では、直轄市化で、広域の市としては権限と財政が大きくなって自立性が高まるものの、基層の自治体は解消されて、身近な民意を反映させる機会は減少してしまう可能性が否定できない。

また、この時点では、住民の投票で選出された最後の県轄市長、郷・鎮長がいたので、それらの人々の処遇が課題となった。そこで直轄市への昇格とともに県轄市・郷・鎮が区に改変された際には、直轄市長は初代の区長には従来の市長および郷・鎮長を任命することとされた。また、市・郷・鎮の議会の議員については、まだ連続二期の任期を務めていなければ、区政諮詢委員になるものとした。

二〇一〇年十二月、台湾の直轄市の数は台北市、高雄市の二つから新北市、台中市、台南市が加わって五つに増加した。この結果、台湾の人口の過半数が直轄市に生活することになった。その後、予定通り二〇一三年一月、行政院は、桃園県の単独昇格を決定し、二〇一四年の選挙を経て台湾の直轄市は①台北市、②高雄市、③新北市、④台中市、⑤台南市、⑥桃園市の六大都市となった。こうして、台湾人口の七割が行政院直轄市の居住者となった。

蔡英文政権の「省」廃止

既に述べたように、台湾省政府は、一九九八年十二月二十日の第四次憲法追加修正方式によって形式的な存在となり、中央政府行政院の出先機関として実質的機能を持たなくなり、地方自治体としての法人格は失われていた。

一九九八年の台湾省政府のほぼ凍結後から廃止までに、「省」が名称についた一部機関等も徐々に改名されるようになった。たとえば、二〇〇七年五月には、上水道事業を行う台湾省自来水公司が、台湾自来水公司へ、二〇一三年一月一日には、台湾省北（中、南）区国税局から、財政部北（中、南）区国税局に名称を変更した。さらに、日常生活で使用される自動車のナンバープレートからも、二〇〇七年に登録地名自体が削除されることによって、「台湾省」の名称が消滅することとなった。

なお、二〇〇八年五月までの総統は民進党の陳水扁であり、それ以後二〇一六年までは国民党の馬英九が総統となったが、政権交代に関わらず、台湾省の形式化については継続的に進められた。

二〇一六年五月二十日に発足した民進党の蔡英文政権は、選挙戦中から台中関係については「現状維持」を掲げてきた。一般に、民進党は台湾独立派の政党とみられているが、総統就任以後も、蔡英文は台湾独立を語ることはなく、「現状維持」を看板としている。

そのような中、蔡英文政権が三年目に入った二〇一八年七月一日、二〇一九年度予算において台湾省関連予算をゼロとし、行政院は台湾省政府及び台湾省諮議会を廃止して、形式的に存在していた台湾省の、その形式の部分まで抹消することとした。そして、二〇一八年七月二十日、台湾省政府のオフィスは廃止され、従来の庁舎は、国家発展委員会の建物として使用されることになった。また南投県南投市中興新村の台湾省政府庁舎も廃止された。

一方で、金門島に置かれていた福建省政府も、二〇一八年末をもって福建省政府主席ただ一人を残して廃止された。二〇一九年一月一日には、福建省政府は廃止され、蔡英文政権下の二〇一七年一月十七日に設立序幕式が行われた行政院金馬聯合服務中心に業務が引き継がれた。なお、そこには事業開発課と統合計画課の二つの課が設置されている。

このセンターの設立理由については、設立除幕式で当時の行政院長・林全が、「金門と馬祖は過去、軍事上重要な役割を果たしてきた。今度は政府が金門、馬祖を発展させる義務がある。人々の基本的なニーズを満足させるだけでなく、離島エリアをより発展させる」ため、離島の産業発展と建設が進むことに期待して、インフラ計画と主要な建設計画関連事業を推進するためである、と語っている。中華民国の会計年度は一月一日に始まるので、以上の措置によって、二〇一八年度末をもって、福建省政府についても、事実上の「廃省」が実施されたことになる。

以上の通り、台湾省政府と福建省政府については、事実上の「廃省」が実施されたが、地方制度の基礎単位を「省」とした中華民国憲法は改正されていない。つまり、蔡英文政権は、憲法の追加修正条文第九条には手を触れないまま、この条文の執行をやめることで、行政措置として「廃省」を行ったのである。

従来、台湾移転後の中華民国においては、中華民国憲法体制として、地方制度の基本に「省」が位置づけられ、「自由地区」でも省を存続させることで、「自由地区」と「大陸地区」を同じ体制下に置き、中華民国の主権が「大陸地区」にも及ぶことを形式的に担保していた。しかし、二〇一八年末までに、台湾省を完全に抹消し、福建省は最小限の形式のみ残存させたことで、蔡英文政権は、中華民国の基礎構成単位としての「省」を消滅させたが、これによって中華民国「大陸地区」の存在を実質的に消し去ってしまったともいえる。

おわりに

中華民国の台湾省は、日本統治時代には存在しなかったが、戦後、一九四七年に省政府が設置された。その後、一九四九年十二月に国共内戦に敗れた国民政府が首都を南京（戦時中の臨時の首都は重慶）から台北市に移転することになった。そして一九五〇年までには、台湾、澎湖諸島、金門島、馬祖島を合わせて「台澎金馬」とも呼ばれる中華民国「自由地区」以外の地域を、中国共産党の人民解放軍に制圧された結果として、中華民国政府の統治領域と台湾省の統治区域はほぼ重複するようになった。

その後、中華民国政府は一九五七年、地方行政の円滑化を目的として、省政府を台北市から台湾中部にある南投県南投市の中興新村に移転した。

そして、一九六〇年代後半以後には、台湾に行政院直轄市が誕生する。すなわち、「台北市各級組織及び地方自治実施綱要」と「高雄市各級組織及び地方自治綱要」を制定して、一九六七年に台北市を、一九七九年に高雄市を、それぞれ行政院直轄市に格上げした。この結果、市長は直接民選から、政府の任命職とされ、市政には中央政府の監督が及ぶことになった。また中央直轄市は、省と同格の行政組織であるから、両市は台湾省から分離したことになる。

ところで、国共内戦の末期、一九四九年五月には台湾省で戒厳令が布かれ、台湾では、一九八七年まで三十八年間に亘って内戦状態の非常時体制が継続していた。動員戡乱時期臨時条款と相まって、住民の言論や集会、結社の自由、政治活動は抑圧され、厳しい取り締まりが行われた。

他方、台湾では戦後間もなくから地方自治が実施され、定期的に地方選挙が行われた。この地方選挙の経験と、地方の政治活動が、後の民主化や複数政党化に向けての、市民の様々な経験を蓄積せしめることにもなった。

そうしたなか、アメリカからの民主化圧力もあり、蔣経国政権は戒厳令を一九八七年七月十五日午前零時に解除した。この戒厳令解除は、台湾の大きな転換点であり、民主主義の実体化に向けたスタート地点となった。

一九九〇年代に入ると李登輝総統の下で民主化政策が進められ、一九九四年に台湾省政府主席が、一九九六年に中華民国総統が相次いで直接民選とされた。このため、李登輝政権は一九九一年四月、「動員戡乱時期臨時条款」廃止のため臨時国民大会を開催させ、合わせて万年代表・万年委員の任期を終了させることも宣言した。こうして法的な内戦状態が終結させられ、台湾の非常時体制が最終的に解除された。

その後、台湾の地方自治・地方行政は、一九九七年の第四次憲法追加修正によって、大きく変化することになった。もともと、台湾省は中華民国台湾地区の九八％の面積と八〇％の人口を占めており、中央政府と省政府の重複が甚だしかった。これを第四次憲法修正で、一九九八年十二月二十日、台湾省の省長と省議会議員の選挙を凍結し、民選議員による省議会を廃止することとし、台湾省の簡素化、すなわち「精省」が行われた。

省の簡素化と同時に過去の省県と直轄市の制度の併存が問題となり、一九九九年一月二十五日には「地方制度法」を制定した。この「地方制度法」によって、台湾の各地から、直轄市への昇格を求める動きが見られるようになった。

今日の六大都市への移行の道を拓いたのは二〇〇八年に成立した馬英九政権である。馬英九は、総統選挙戦の最中に三都十五市体制を提唱しており、政権掌握後にはその実現を目指した。このため、二〇〇九年四月十五日に、「改正地方制度法」を公布することになるが、その過程で各地域の直轄市昇格を求める声に対応することになり、馬英九の当初の構想とは異なる直轄市設置へと進むことになった。

結局、この時の方針に基づいて、二〇一〇年十二月、台湾の直轄市の数は台北市、高雄市の二つから、新北市、台中市、台南市を加えて五つとなり、五大都市の体制となった。この結果、台湾の人口の過半数が直轄市に生活することになった。

その後、二〇一三年一月、行政院は、桃園県の単独昇格を決定し、二〇一四年の直轄市長、市議会議員選挙を経て、台湾の直轄市は六大都市となった。こうして、今では台湾の行政院直轄市は、①台北市、②高雄市、③新北市、④台中市、⑤台南市、⑥桃園市の六大都市となり、人口の七割が行政院直轄市に生活するようになった。

一方、二〇一六年五月二十日に発足した民進党の蔡英文政権は、選挙中から台中関係の「現状維持」を掲げていた。つまり、民進党が長年主張してきた「台湾独立」を掲げることはなく、総統となった蔡英文がその後にそれを前面に打ち出すこともなかった。

しかしながら、蔡英文政権は、台湾省の完全な廃止と、福建省の極小化を進めてきた。すなわち、蔡英文政権が三年目に入った二〇一八年七月一日、二〇一九年度予算で台湾省関連予算をゼロとし、行政院は台湾省政府及び台湾省諮議会を廃止することとした。そして、二〇一八年七月二十日、台湾省政府のオフィスを廃止、また南投県南投市中興新村の台湾省政府庁舎も廃止となり、庁舎は、国家発展委員会の建物として使用されることになった。

一方で、金門島に置かれていた福建省政府も、二〇一八年末をもって福建省政府主席ただ一人を残して廃止された。二〇一九年一月一日、行政院は、福建省政府を廃止して実体のないものとしたのである。

二〇一九年一月二日、「台湾同胞に告げる書四十周年」記念式典で、習近平国家主席が「一国二制度」による台湾統一を強く打ち出し、武力行使の不排除にも言及したのは、蔡英文政権による「中華民国の台湾化」推進に断固たる反対の意思を示すものでもあったかもしれない。

二〇一九年十月一日は、中国共産党が北京で中華人民共和国の成立を宣言してから七十周年の記念日であった。中国が建国七十年を祝う年を迎える前に、台湾の蔡英文政権は、台湾省を実質的に廃止し、福建省の名目化を究極まで進めることで、中華民国は、台湾であって中華人民共和国と重複しないことを宣明したと言えるかもしれない。つまり、蔡英文政権は、中華民国の基本構成から「省」を排除することで、台湾が中国の一つの省ではないことを示したのである。

主要参考文献

沖田哲也「台湾における地方制度の沿革」『明治大学政經論叢』第五三巻、一九八四年
山田公平「明治地方自治と植民地地方制度の形成」『名古屋大学法政論集』第一三〇、一九九〇年
蔡啓清「台湾の地方自治制度」『月刊自治研』第三七巻四二五号、一九九五年
浅野和生「李登輝政権下の憲法修正とその課題」『問題と研究』二七巻一号、一九九七年
岡村志嘉子「台湾の地方自治制度改革」『レファレンス』四八巻四号、一九九八年
川瀬光義「第七章地方自治―「精省」後の自治体財政―」『アジ研トピックリポート（緊急レポート）』

アジア経済研究、二〇〇四年
竹内孝之「台湾における「五都」の成立」『アジ研ワールド・トレンド』No.一八六、二〇一一年
宮脇淳「台湾の直轄市制度（一）」『政策研究』No.一二、二〇一一年（二〇一一年三月号）
宮脇淳「台湾の直轄市制度（二）」『政策研究』No.一、二〇一二年（二〇一二年四月号）
北波道子「Ⅶ 台湾における行政院直轄市の変遷について」『都市の経済活動の構造』関西大学経済・政治研究所、二〇一三年
浅野和生編著『台湾民主化のかたち』展転社、二〇一三年

（中文）
紀俊臣『地方政府與地方制度法』時英出版社、台湾、二〇〇四年
蔡茂寅『地方自治之理論與地方制度法 第二版』學林文化出版、台湾、二〇〇六年
黄建銘『地方制度與行政區劃』時英出版社、台湾、二〇〇八年

第四章　国交断絶後の日台関係と日本側議員連盟の系譜

亜細亜大学非常勤講師　吉田龍太郎

はじめに

一九七二年九月二十九日の日中国交回復に伴う日台断交後、日本側における日台外交関係の実務は「交流協会」（現・日本台湾交流協会）によって引き継がれた。外交関係は民間交流の体裁を取って事実上継続したのである。ただし、交流協会は大臣の管理下にある外務省の組織ではなく、したがって内閣・総理大臣の指揮系統の下にも属さない。公式な外交関係を断ちながら非公式な外交関係を続けることで、台湾、中国両政府との関係を両立させ、政治的に極めて敏感な問題の争点化を避けることができる。しかし、見方を変えれば、交流協会は、高度に政治的な問題を担当するにも関わらず、議院内閣制下にあってその統制を直接受けることがない非政治的な組織となっている。機動性や現状変更を伴う政治判断に際しては足枷をかけられた状態である。

より高度な政治判断を扱い得る組織としては、日台断交前より、日台両政権の政権党関係者・民間人を中心とした「日華協力委員会」が存在していたが[1]、日台断交過程において両国の政権同士の関係が悪化したことや、日中友好ムードの中、日本側において財界関係者が公然と台湾政策に関与することが難しくなったことから、その機能を果たせずにいた。また、日台断交の過程においては、台湾を擁護する議員たちが賀屋興宣（衆議院旧東京三区）を代表世話人として「外交問題懇談会」を形成していたが、自らの主張を反映させることはできないまま日台断交を迎え、賀屋もまた一九七二年末の衆院選に出馬せず引退した。

こうした状況を補完するものが、国会における新たな議員連盟であった。議員内閣制において立法府は、執行府の長である内閣総理大臣を選出する際には強い影響力を持つが、その後は、政権党の会派は内閣・執行府主導の政策決定を支援することが求められるし、野党会派は政策決定過程から遠ざかることが本来のあり方である。執行府（行政府）に入らなかった議員を多く含む議員連盟は、政策決定上の重要度が一段低いようにも見える。しかし一方で、議員は、法案議決権や予算議決権を背景に執行府に常時影響力を行使し続ける存在である。中選挙区制の下、政党内の統制が比較的弱めであった昭和期の統治システムにおいては尚更そうであったし、当時形成された、日本特有の、政権党による強固な事前審査制は現在も続いている。また、議員連盟は、中立的な立場を装いつつ政権を補完することもできる存在である。先行研究においても、議院内閣制下における日本の対台湾政策を捉えるにあたって議員連盟の役割を重視する視座がおおむね共有されてきた。[2]本章では、断交後の日台関係を対象とした各種の議員連盟の概史を振り返るとともに、それぞれの価値観や構成員などの特徴を整理してみたい。

一、昭和後期の日台関係と日華関係議員懇談会

日台断交と「交流協会」の誕生という状況変化の中、一九七三年三月に誕生したのが日華関係議員懇談会である。上述のような問題を背景に、台湾側からも各種の要請を受ける形で誕生したのであっ

た。会長は、外交問題懇談会でも主導的立場にあった灘尾弘吉（衆議院旧広島一区）である。他に、岸信介（衆議院旧山口二区）、田中龍夫（衆議院旧山口一区）、藤尾正行（衆議院旧栃木二区）、中川一郎（衆議院旧北海道五区）、渡辺美智雄（衆議院旧栃木一区）、玉置和郎（参議院全国区、のち衆議院旧和歌山二区）ら計二十七名が発起人となっていた。構成員百五十三名のうち、田中や藤尾など、実に五十八名（三八％）が岸派の系譜を継ぐ福田赳夫派所属の議員であった。また、各派閥所属議員のうち日華懇に参加した者の割合は、福田派の六八％と灘尾の属する旧石井派の六十二％が突出して多く、中川の属する水田派四七％、渡辺の属する中曽根派四一％と続く。最も参加率が低かったのは大平派（一七％）、次が田中派（一九％）であった。

日華関係議員懇談会という名称は、中華民国・蔣介石政権を支援する立場を反映したものである。これに対し、田中角栄政権と外務省は、米国のニクソン共和党政権の対中接近の衝撃もあって、中華人民共和国の反発を避け、中台摩擦への深入りを回避することに終始した。一九七四年四月の日中航空協定締結に際しては、大平正芳外相が、日台航空路線を担う台湾・中華航空の名称やその使用する国旗について、中華民国国家を表象するものとは見なさないとする声明を発した結果、台湾側の強い反発を招き、日台間の航空路は翌年八月まで一時断絶することとなった。また、日台間の日本側外交実務を引き継いで一九七二年一二月に設立された「交流協会」の名称策定をめぐっても、「日華」「日中」を含む名称を主張する国民党政権と、中華人民共和国に対する政治的配慮によってその使用を回避しようとする日本政府の間で綱引きとなった結果、国名・地域を指す表現は消滅し、組織の目的が体現されない名称となった。

同様の事態は日華懇に対しても生じ得る状況にあった。大平外相が日華懇の名称変更を求めたのである。これに対して日華懇側は反発した。のちに日華懇代表代行を務める玉置和郎はそれを国会質疑において表面化させ、日本側の親台湾姿勢の堅持を求めた。同時にそれは、蔣介石政権の立場に寄り添うことと同義であった。すなわち玉置は、「まだ中華人民共和国と国交を開かぬ前に、国会で中共ということばを使う人もあったが、大かたの方は中華人民共和国だとか北京政府だとか、ちゃんと私たち呼んでおったんですよ。それがいつの間にか、台湾の場合は、国府とも呼ばないで台湾と呼んでしまう。それだけに、国民の間では、力の強い北京にだけ気がねし過ぎるんじゃないか、こういう声がたくさん出てきておるのです。ことに、私ども非常に残念に思いますのは、私たちがつくっておりますす日華関係議員懇談会、この日華関係議員懇談会というのは固有名詞です。それを訂正せよとかなんとかいって強圧的な態度に出るというのは、これは一体どういうことなんですか」と述べ、台湾を中華民国と呼称することが台湾への敬意を示すことになるとする立場を表明している（一九七三年四月九日の参議院予算委員会）。台湾政府をその地理的名称で呼称することは、台湾を中華人民共和国の一地域とする北京政府の立場に拠るものと見なされているのである。[3]

中華民国・国民党政権を支持する日華懇は、蔣介石総統個人に対しても敬愛の姿勢を示し続けた。蔣総統が終戦後に中国に居住していた日本人の帰還に積極的な姿勢で臨み国交回復時の賠償請求を放棄するなど「以徳報怨」の姿勢を示したことを強調する、同会やその所属議員は、蔣総統死去の際には弔問団を派遣するのみならず、東京と大阪で追悼式を実行し、歿後十年に際しても、その遺徳を顕彰するための国民運動を実施している。

かくのごとく、日華懇による日台議員交流は、自民党と蔣介石・国民党間の交流であった。蔣介石政権下における民主化要求運動や、中華民国からの独立を志向する台湾独立派との交流は手薄にならざるを得ず、こちらはむしろ野党、その中でも親西欧・非マルクス主義の立場を取る政党の関心事であった。民社党には議員連盟「日華懇談会」が存在し、早くから独自に台湾の与野党と日台交流を行っていたし、また、社会民主連合に所属する田英夫は、台湾民主化運動への注目の必要性を国会質疑で複数回取り上げている（一九八七年五月二十六日の参議院外務委員会、一九八七年三月十三日の参議院外交・総合安全保障に関する調査会など。田英夫の祖父、田健治郎は第八代台湾総督として一九一九年から二三年まで務めた）[4]。

二、平成初期の日台関係と日華関係議員懇談会

一九八〇年代、両国の保守党政権が継続する中、経済関係・人的往来の拡大に伴い日華懇の影響力は拡大した[5]。ただし、懸念事項は日台保守党間の台湾認識のずれであった。一九八八年の蔣経国総統の死去に伴い昇格した李登輝総統の政権下においては、漸進的な民主化を含めて蔣介石・蔣経国父子時代との差別化を図りたい台湾側と、蔣介石の「以徳報怨」に専ら焦点を当てようとしたとされる日華懇幹部との軋轢がみられるようになった。

一九九一年には、日華懇を敬遠する李登輝が独自に模索した党主席としての日本訪問に際し、中国側が圧力を加えて中止させようとする中、日華懇の会長であった藤尾正行や代表世話人であった佐藤信二（衆議院旧山口二区・竹下派）も、自分たちを介さない準備過程に「信頼関係」の観点から疑問を呈するとともに、「党主席ではなく総統の身分で訪日すべき」等の「原則論」を展開、さらには日華懇の役職辞任をちらつかせて台湾側を牽制し、事実上訪日を阻止してしまった。これは、台湾総統の訪日が抑制されるという前例を作る形となった。この際、日本側において李政権の交渉窓口となっていたのは、日華懇所属ながら蔣介石恩義論や「反共」の体現者としてのイメージを持たれていない金丸信（衆議院山梨県全県区・竹下派）であった。金丸は、前年には、社会党の田辺誠委員長とともに北朝鮮訪問団を率いており、全方位外交を展開していた人物である。

李登輝総統や台湾側はこの時、蔣介石・蔣経国両総統時代の年配者同士の人脈を敬遠し、世代の若い指導者同士との関係構築を求めていたとされるが、藤尾正行もまた、発足時から会長を務めた灘尾弘吉に代わって前年六月に第二代会長に就任したばかりであった。藤尾（一九一七年生、一九六三年初当選）や佐藤（一九三二年生、一九七四年初当選）よりも金丸（一九一四年生、一九五八年初当選）のほうが年長で国会議員初当選の時期も早い。李登輝（一九二三年生）と年齢が近いのも金丸ではなく藤尾のほうである。台湾側が日本側のいかなる台湾認識を求めていたのかが問題の本質であろう。

平成初期は、天安門事件の発生にもかかわらず、直後の冷戦終結や中国の市場経済発展を受けて、共産主義批判の必要性が低下したという印象が広まり、日台両国は中国側を刺激しないような舵取りを迫られていく時期である。台湾自身も、中国との関係を改善させていく。一九九三年には、台湾の「海峡交流基金会」（辜振甫会長）と、中国の「海峡両岸関係協会」（汪道涵会長）による会談がシンガポールで行われ、両岸当局の実質的な交流の端緒となった。台湾は、単に中国に接近したのではなく、中国との関係改善を進めながらも、台湾出身の本省人を登用するなどして中華民国の「台湾化」を進め、さらには各種国際機関への出席や首脳の先進国訪問などを通じて、活動の先例や存在感を蓄積する「実用主義外交（実務外交）」を展開していたのであるが、日本側はこれに十分に対応することができなかった。

一九九四年のアジア競技大会や一九九五年のＡＰＥＣ（アジア太平洋経済協力会議）の非公式首脳会議に際して台湾側が望んだ李登輝総統の訪日を日本側は実現することができず、副総統など代理人の訪日という折衷的な対応を選択した結果、中国からも台湾からも批判されたが、これはその後の日中台関係においてパターン化された。これらの総統訪日計画の際には日華懇はその実現を求めて奔走するが、自民党執行部は極めて消極的であった。のみならず、結局李総統に代わって一九九四年アジア競技大会へと来日した徐立徳・行政院副院長と会食を行った日華懇役員らに対しても、自民党の河野洋平総裁（村山富市内閣副総理・外相）は、「状況をよく認識して対応されたい」と森喜朗幹事長を通じて伝え、会食では政治的な会話を控えるよう党として注意を促した。日中関係の不安定化回避による当面の利益を重視する立場が優位となり、日本側の台湾認識の深度は低下する中で一九九〇年代は推移していく。

中国の対台湾強硬姿勢は程なく顕在化する。李登輝総統が米国を訪問した翌月の一九九五年七月と、台湾総統選の直前の一九九六年三月には、中国が台湾海峡へのミサイル発射を通じて威嚇を行った。そうした状況の中でも李登輝総統は再選を果たした。しかし、この台湾海峡危機を経ても、日本側の姿勢は変化しなかった。

李登輝総統再選後の就任式に、日本が派遣した祝賀団は、日華懇議員が主たる構成員となったが、その団長は自民党内「親中派」としての経歴を持つ田村元元衆議院議長（旧三重二区・小渕派）であった。従来「親中派」と目された田村の初めての訪台を、台湾は外交的成果として、あるいは外交バランスの観点から歓迎したが、日本側の意思決定の背景は積極的なものばかりではなかった。

すなわち、台湾側からは首相経験者の訪台を希望する意向が示され、中曽根康弘元首相らの起用も浮上したが、中国側が外務省に懸念を伝え、実現しなかった。米国の対台湾政策を図りかねる中、外務省は「台湾カード」を「火遊び」と見なして回避したのである。さらには、日華懇自体が、台湾側に中国との関係改善を諫言することもあった。

一九九六年十月の総選挙に出馬せず議員を引退することとなる藤尾に代わって、同年六月には佐藤信二が会長に就く。佐藤の父と伯父は、蔣介石政権との関係が深かった佐藤栄作と岸信介である。しかし、佐藤は半年後に橋本龍太郎内閣の通産大臣として入閣したことを受け、会長を辞任した。中国のＷＴＯ（世界貿易機関）加盟問題など、日中間の通商案件への影響を考慮してのことだった。後任となったのは、台湾在留経験もある山中貞則（衆議院旧鹿児島三区、小選挙区制導入後は鹿児島五区、旧渡辺派）

であった。実務を取り仕切ったのは、玉置和郎の秘書経験も有し、山中とも同派閥の村上正邦（参議院比例代表）であったとされる。それから程なく、自民党参議院議員会長に就任した。しかし、宗教保守運動ならびに中小企業経営者災害補償・福祉事業利害関係者を支持基盤とする村上は、二〇〇〇年から二〇〇一年にかけて捜査が進められたＫＳＤ事件によって受託収賄の疑いが喧伝されて逮捕・失脚し、台湾側に衝撃を与えた。自民党も日華懇も態勢の立て直しを迫られることとなる。

三、平成期の政党・議員連盟の再編と日台関係

改元とともに冷戦後世界の到来を見ることとなった平成期は、国内政党再編の時代であった。一九九三年六月には自民党が分裂し、非自民勢力の連立政権となった細川護熙・羽田孜内閣期には自民党から五月雨《さみだれ》式に離党者が相次ぐ。一九九四年六月の自民党政権復帰後に野党となった旧非自民政権勢力は、同年十二月に新進党を結成した。新進党では、日華関係議員懇談会とは異なる独自の日台関係議員連盟である「日華議員連盟」が組織される。会長は、旧自民党経世会出身で新生党→新進党と小沢一郎と行動を共にしていた小沢辰男であった。新進党幹事長や党首を務める小沢一郎は、自民党離党に際して著した『日本改造計画』において、日本の主要政治家として初めて台湾の重要性を明言するなど、「新保守主義」的な姿勢で知られていた。新進党には、台湾との交流を続けていた民社党も合流したが、かつて民社党を支持した旧全日本労働総同盟系の労働組合がその主たる支持組織で

あった。

この新進党日華関係議員懇談会は、先述の李登輝総統訪日・APEC出席計画の実現に向けて活動し、河野洋平外務大臣に面会しているが、要求を拒否されている。また、一九九六年には、李登輝総統の母校京都大学訪問を目的とした訪日が実現できるよう、台湾側から要請されている。

その後、一九九六年十月の総選挙において、新党「民主党」と競合して政権獲得に失敗した新進党からは離党者と自民党入党者が相次ぎ、残留者も分裂含みとなった。小沢一郎党首自身が自民党内右派への接近、すなわちいわゆる「保保連合」を試み、その一環として、自民党と新進党において国家の基本問題を対象とした双方の議連が次々と連携し、統合及び超党派議連への途を探るようになった。例えば、戦没者追悼のあり方を対象とする自民党の「みんなで靖国神社に参拝する国会議員の会」（小渕恵三会長）と新進党の「靖国神社参拝議員連盟」（渡部恒三会長）、近代史認識と歴史教育を対象とする自民党の「『明るい日本』国会議員連盟」（奥野誠亮会長）と、新進党の「正しい歴史を伝える国会議員連盟」（小沢辰男会長）などである。

このような中、自民党の日華関係議員懇談会と新進党の日華議員連盟も一九九七年二月六日に合流し、現在に至る超党派の日華議員懇談会として再編される。会長には旧日華懇会長だった自民党の山中貞則が、副会長には日華議員連盟会長だった新進党の小沢辰男が就任した。なお、新たな日華議員懇談会には、「保保連合」とは一線を画し自民党執行部や社民党と近かった新党さきがけや、新進党離党組である太陽党からも参加者があったので、「保保連合」の側面を強調しすぎるべきではない。

こうして新進党で非自民政党独自の日台関係に関する議員連盟が消滅したのとは対照的に、同年に今度は民主党に「日華議員懇談会」が誕生することとなる。民主党の前身の一つである日本社会党は、一九八三年から中国共産党との政党間交流を公式に行い、民主党も同様の対応を取っていたが、民主党のもう一つの前身となった新党さきがけには日華関係議員懇談会が存在していた。

四、二十一世紀初頭の日台関係と各党議員連盟

台湾民進党との政党間交流に先鞭をつけたのはその民主党であった。二〇〇〇年三月の台湾総統選において民進党の陳水扁候補が国民党の連戦候補を破って勝利した際、自民党はその取扱いに困惑することとなる。民進党は、従来の日華議員懇談会と台湾国民党の交流関係の枠外にあったからである。民進党の側も、蔣介石・国民党と近い日華懇を露骨に敬遠した。

自民党と台湾国民党の保守政党間連携を主軸とする日華懇と対照的に、民進党に注目したのは民主党である。日華友好議連を発展させて「日台友好議員懇談会」を設立し、政権党となった台湾・民進党との交流が推進されたのである。陳水扁候補の当選に際しては、民主党は自民党に先んじて訪問団を派遣し陳氏と会見、祝意を伝えている。訪問団の代表は、一九九九年の代表選後に鳩山代表を支える「四人組」の一員と目された仙谷由人企画局長（衆議院徳島一区・旧社会党出身）であった。同年五月の陳総統の就任式にも、同連盟からは党副代表でもあった中野寛成（衆議院大阪・旧民社党出身）らが自

民党・日華懇とは別に訪台し出席している。民主党と民進党には社会的自由主義政党としての共通の背景があった。民進党は国民党政権期の反体制運動の流れを汲み、政治分野を含む社会的活動の自由拡大に積極的であり、また社会的少数者の人権擁護に積極的である。日本の民主党も、「市民が主役」を掲げ、台湾の民進党と類似の政治観と政策を有していた。

その後も民主党による民進党政権との交流は継続した。これは党内における対立をはらみながらも次第に定着していくこととなる。総統を退任し私人となった李登輝前総統が、中島嶺雄東京外国語大学学長（のち国際教養大学学長）と運営していた「アジア・オープン・フォーラム」への出席のためとして二〇〇〇年十月の訪日を計画した際は、中野寛成と仙谷由人が鳩山由紀夫代表（衆議院北海道九区）とともに積極姿勢を見せた。党訪台団団長として陳総統と会見した中野は、李前総統訪日の「実現に努力したい」と明言したこと、それが鳩山代表とも合意済の発言であると伝えたことを記者団に明かしている。

この際、日華懇の村上正邦参議院議員会長は国内外情勢を理由に李登輝に訪日断念を促したことから、一九九一年訪日計画の際と同様に、「日華議員懇談会がタッチしない訪日計画をつぶす狙いもあったのではないか。本当に『親台派』なのか」との疑念を招いていた。これとは対照的な民主党の姿勢は、台湾側から強く歓迎されることとなる。

ただし、民主党の外交政策担当者である伊藤英成ネクストキャビネット外交・安全保障担当大臣（衆議院愛知十一区・旧民社党出身）は、中野らは「党の派遣団」ではないことと「議員懇談会の意見だと思う」旨を強調し、党の正式見解ではないとの認識を示した上で、「前総統の訪日は時期など考慮しなければならないことがあり、慎重に取り扱わねばならない」と打消しを図った。また、菅直人幹事長（前代表。一九九九年の党代表選で鳩山に敗れた。衆議院東京一八区・旧社会民主連合出身）も、十月三日、党最高意思決定機関である党常任幹事会で「（一）政党間交流は従来通り中国共産党と行う（二）台湾とは原則として党日台友好議員懇談会として行う」とする基本方針を示し了承させた。この際、仙谷由人が「今この時期に、どうしてこういう方針を出したのか。議員が勝手にやるのであれば出す必要はない」と批判し、これに対して菅が「先日のネクストキャビネットでもこの問題を議論した。異論があるならその時言うべきだった」などと応酬、鳩山を支える熊谷弘（現在の衆議院静岡七区選出・旧新進党出身）が仲裁する事態となっている。

結局、李登輝前総統の来日は、翌二〇〇一年四月に心臓病治療を目的として実現するが、この際も、日台友好議員懇談会のメンバーは後述する自民党議員らと共に査証発給・訪日実現を求めて活動した。発言時期は不明であるが、懇談会に属する安住淳（衆議院宮城五区・旧新党さきがけ出身）は「中国も重要だが、台湾との関係も重視する。それは一にも二にも人権や民主主義の問題だ」と公言していたという。

その後、二〇〇二年には、鳩山と菅の立場は逆転した形となる。同年九月の代表選で再度鳩山に敗れ、幹事長も退任した菅は、一一月に仙谷や枝野幸男（衆議院埼玉五区・旧新党さきがけ出身）とともに民進党の招待によって訪台し、陳水扁総統や李登輝前総統と会談した。その際には、中国共産党が党大会開催中であったこともあり、鳩山代表や党執行部が菅の訪台に懸念を示し、菅本人に対しても訪台を取りやめるよう働きかけたが断られた。そして鳩山は記者会見で「党が台湾に行くのではない」と語り、訪問団の影響打消しを図ったのである。[6]これに先立つ九月の代表選においても両者は、台湾の国連加盟を持論として公言する菅に対し、六月に訪中したばかりの鳩山が「中国が神経をとがらせている」ことを理由に疑問を呈するなど対立していた。

それでも、その後の二〇〇九年の政権獲得に際し、鳩山はなお台湾側から「わが国についてよく理解し、友好的である」と目されている。

さらに、新進党の流れを汲む自由党（小沢一郎代表）との合流を経た二〇〇四（平成十六）年五月には、中津川博郷（会長、衆議院比例東京ブロック選出、東京十六区で活動）・長島昭久（幹事長、衆議院東京二十一区）・大江康弘（事務局長、参議院比例代表）ら保守系議員を中心として、衆参両院に三十人以上を擁する「日本・台湾安保経済研究会」も結成され、回避されがちな安全保障強化政策を含め、多分野にわたる交流を円滑に促進することが模索された。自由党出身の大江は、玉置和郎の秘書経験を有する。中津川と大江は、総統選を控えた二〇〇四年二月に、蔣介石国民党政権による一九四七年二月二十八日の台湾人弾圧事件にちなんで開催され国民党批判や対中国警戒をアピールした「二・二八手護台湾」にも参加していた。

また、彼らを中心とする日本・台湾安保経済研究会は民進党に近く、同年十一月には、①台湾の憲法、国名について台湾の民意を尊重・支持　②台湾のＷＨＯへの加盟支持　③李登輝前台湾総統の訪

日実現　④台湾観光客のビザなし入国実現　⑤在留台湾人国籍の「台湾」への表記変更を行うことを決議している。一つ目の解釈には様々な立場があろうが、最後の一つを除いては早期に実現に至ったといえる。国籍表記についても、在留カードや住民基本台帳においては進展が見られた。なお、衆参両院で六十七名を擁するようになった日台友好議員懇談会では、同年十月に、菅直人に近い池田元久（衆議院比例南関東ブロック選出、神奈川六区で活動）が会長に就任している。

このように、民主党内において、民主主義政党として類似の価値観を共有する台湾・民進党との交流を当然視する活動は徐々に拡大してきたのである。

一方、自民党の側からも、民進党政権の誕生を受けて新たな対応を模索する動きが登場した。小林興起（衆議院東京十区）を中心に、二〇〇一年五月九日に結成された「日本・台湾友好議員連盟」がそれである。KSD事件捜査に因る村上の失脚・議員辞職によって生じた空白は、日華懇と国民党を中心とした自民党の対台湾交流の在り方を問い直すきっかけと目された。

小林（一九四三年生まれ）は、山中貞則や村上正邦と同じ江藤・亀井派の所属議員であるが[7]、山中（一九二一年生）より約二十歳、村上（一九三二年生）より約十歳年少である。同連盟は、李登輝訪日実現へ向けた日華懇の取り組みの積極性を疑問視する自民党議員たちが、先述の二〇〇一年李登輝前総統訪日治療実現へ向けて独自に活動したことがきっかけで誕生したが、台湾民進党と自民党の間の本格的な交流を図ることも目的としていた。またその際に、台湾を「国家」と捉える姿勢を明確にした。小林は、「日華懇は力不足。新しい力が必要だ」と公言していた。なお、この李登輝前総統訪問は実現したが、森内閣の河野洋平外相は、「中国との関係は、本件によって何ら影響されない。『二つの中国』や『一つの中国、一つの台湾』の立場はとらない」と述べその影響の沈静化を図っている。同議員連盟は、小林が二〇〇五年衆院選「郵政選挙」に際し郵政民営化法案に反対して自民党を離れたことによって活動休止を余儀なくされた。小林は、新党日本や国民新党で活動した後、二〇〇九年の衆院選「政権交代選挙」に際して民主党に合流していくこととなる。[8]

この郵政選挙に際しては、日華懇もまた政局の直撃を受けた。二〇〇四年二月の山中貞則会長の逝去を受けて会長に就任していた平沼赳夫前経済産業大臣（衆議院岡山三区・亀井派）と、幹事長の藤井孝男（衆議院岐阜四区・橋本派）が「郵政造反組」として無所属で選挙を戦い、別の自民党公認「刺客」候補を送られるなど、困難に見舞われたのである。平沼は、この選挙での当選後、長く無所属で活動し、二〇一〇年にたちあがれ日本を結成し代表を務め、のち日本維新の会、次世代の党で活動した後、二〇一五年十月に自民党に復党、二〇一七年衆院選に不出馬・引退している。藤井はこの選挙で落選し、二〇〇七年に岐阜県選挙区から参議院議員に当選し自民党に復党、のち再び離党し、たちあがれ日本、日本維新の会、次世代の党で活動した後に二〇一四年衆院選落選、その後二〇一六年に自民党に復党している。二〇一四年の藤井の落選後、二〇一五年三月から幹事長を務め、二〇一七年の平沼の議員引退後、二〇一八年三月から現在まで会長を務めている古屋圭司（衆議院岐阜五区・当時亀井派）も、二〇〇五年総選挙を無所属で戦った郵政造反組である（同選挙では無所属で当選し翌年に自民党復党）。

しかし、日華懇がその役割を失ったわけではない。国民党政権との交流の蓄積の上に現在に至るまで活動を展開している。ただし当の国民党は、陳水扁政権への反発から二〇〇五年に中国共産党との関係を改善させ、大陸反攻の断念と現状維持、日中交流拡大によって彼らにとっての実利を追求する姿勢に転じた。二〇〇六年七月に訪日し日華懇メンバーと懇談した馬英九党主席・台北市長（のち総統）に対して、議員たちは「国民党が親日から反日に傾いているのではないか」、「『第三次国共合作』をするつもりか」などの厳しい質問を浴びせたが、翌年には平沼会長も総統選において国民党・馬英九候補ではなく民進党・謝長廷候補への支持を滲ませた。上記の質問者は、当時民主党から当選していた大江康弘と西村眞悟であり、平沼会長は自民党を離れている。その場にいて発言を抑制した議員たち、あるいは日華懇に参加していない自民党議員こそ、現在の国民党の立場とより親和的であるかもしれない。

五、各党議員連盟の射程拡大と現在の日台関係

対民進党を中心とした日台議員間交流を蓄積してきた民主党であるが、二〇〇九年、日本で民主党政権が誕生した際には、台湾はすでに民進党政権の治世下にはなかった。前年二〇〇八年総統選において、民進党候補は敗北し、馬英九国民党政権が誕生していたのである。

民主党は、対民進党交流の継続に加え、対国民党交流を加える形での日台政党間交流強化を迫られる。そのために民主党内の議員連盟は再編されることとなった。具体的には、二〇一〇年二月、同党

内に元々存在した先述の「日台友好議員懇談会」ならびに「日本・台湾安保経済研究会」を統合したが、存続団体となったのは、中津川が設立した「日本・台湾安保経済研究会」のほうである。

顧問には田名部匡省（参議院青森県選挙区）、前田武志（参議院比例代表。奈良県出身）、奥村展三（衆議院滋賀四区）、城島光力（衆議院神奈川十区）、さらには中津川、中野寛成を擁し、新たな会長には鈴木克昌（衆議院愛知十四区）が就任し、副会長は工藤堅太郎（参議院比例代表、岩手県出身）・松原仁（衆議院東京三区）・若泉征三（衆議院比例北陸信越ブロック）、幹事長は笠浩史（衆議院神奈川九区）、監事に石関貴史（衆議院群馬二区）・市村浩一郎（衆議院兵庫六区）・小宮山泰子（衆議院埼玉七区）・徳永久志（参議院滋賀選挙区）・松木謙公（衆議院北海道十二区）・鷲尾英一郎（衆議院新潟二区）、事務局長は北神圭朗（衆議院京都四区）、事務局次長は石井章（衆議院北関東ブロック）と大西孝典（比例代表近畿ブロック。奈良四区にて活動）であった。中野と城島は旧民社党系の議員である。北神・市村・鷲尾は民主党内でのちに「国軸の会」を結成する長島昭久に近い。そして徳永を除く他の議員はいずれも、その後の民主党内の政局において小沢一郎に近い立場で行動していく議員である。[9]

この再編は、日本・台湾安保経済研究会が、中津川や長島の元々の活動範囲を超えて、民社党や民主党で元々日台交流を手掛けていた中野らや、日華議員懇談会に所属する旧新進党・旧自由党小沢派議員をも包含する形となったことを意味する。[10] 会長に就任した鈴木克昌は日華懇所属であり、再び野党議員となった後も日華懇の副幹事長を務めている。鈴木は会長就任後、民主党国会議員団による台湾訪問・馬英九総統との会見や、同氏の総統再選祝賀に際して前面に出ることとなった。

このようにして整備された民主党内の台湾理解と交流の基盤も、二〇一〇年の二度の代表選挙を通じて激化した菅直人首相対小沢一郎前幹事長の党内抗争や、[11]政権喪失とその後の野党分裂・弱体化の流れの中で雲散した形となった。敗北が確実視された二〇一二年の衆院選を前に、野田佳彦政権下で党内非主流の立場であった鈴木、中津川らは断続的に民主党から離れていった。中津川は単独で離党し、選挙直前に日本維新の会に合流したが、同選挙で議席を失って以来、石原慎太郎グループや大阪維新の会に近い立場で在野での活動を続ける形となっている。[12]鈴木・小宮山は民主党政権末期に至るまで小沢一郎と終始行動を共にし、二〇一二年には日本未来の党での当選と生活の党の立ち上げへの参加を経て、[13]二〇一四年総選挙においては小沢と合意の上で民主党に戻って当選、二〇一六年に民進党に参加した。二〇一七年総選挙に際して鈴木は引退したが、その支持基盤は彼の秘書を務めた後継者の手によって、希望の党を経て国民民主党に受け継がれている。小宮山も同様の政党遍歴を経て現在に至っている。

なお、二〇一八年に希望の党の大部分が再度民進党に合流して誕生した国民民主党は、[14]日台間の積極的な交流を模索しており、二〇一九年八月には青年局のメンバーが研修・視察のため訪台した。同党のウェブサイトによれば、参加者は近藤和也（青年局長、衆議院比例北陸。石川三区で活動）、田名部匡代（党副代表、参議院青森県選挙区）、斉木武志（衆議院比例北陸ブロック選出、福井一区で活動）、伊藤孝恵（参議院愛知県選挙区）、青山大人（衆議院比例北関東ブロック選出、茨城六区で活動）、源馬謙太郎（衆議院比例東海ブロック選出、静岡八区で活動）、関健一郎（衆議院比例東海ブロック選出、愛知十五区で活動）、の国会議員七名と、党所属地方自治体議員をはじめとする全国青年委員会メンバー十三名の計二十名であり、各地の産業・文化施設を視察したほか、陳建仁副総統や黄偉哲台南市長（民進党）との会見、民進党本部、国民党本部への訪問を行った。田名部は、旧民主党時代にも日台交流に関与している。[15] 伊藤、青山、源馬、関は野党となった後の二〇一六年参院選や二〇一七年衆院選で初当選した国会議員である。

他方、自民党においては、台湾民主化勢力拡大への対応が現在に至るまで継続している。二〇〇五年に小林興起が党を離れた後も、同党においては民進党との関係を含めた日台議員間交流を構築しようとする新たな運動が組織化された。それが、二〇〇六年四月二十六日に結成された「日本・台湾経済文化交流を促進する若手議員の会」（日台若手議連）である。同議連の設立趣意書は「台湾は、アジアの中で、自由で民主的な国家的な存在として着実な発展を遂げ、世界にも大きく貢献しております。我が国との関係においても、両国には正式な外交関係は無いにもかかわらず、経済・文化・観光における交流は盛んであり、台湾の安定と安全は、我が国にとって不可欠なものであります。当然、大陸・中国との健全な関係の維持は必要であるにしても、台湾との友好関係の増進と緊密化は一層必要なものと考え、この度、台湾と政治的・経済的・文化的交流を行い、両国の友好を図る目的として、『日本・台湾経済文化交流を促進する若手議員の会』を設立いたします」としている。以上のように日中関係や中国の立場に配慮する表現を含めながらも、日本と台湾が自由主義的な民主主義を両国共通の価値とする国家であることを表明している。発起人は、衆議院では鈴木馨祐（神奈川七区・麻生派）、高鳥修一（新潟六区・森派）、中山泰秀（大阪四区・森派）、萩生田光一（東京二十四区・森派）、林潤（神奈川四区・古賀派）、松浪健太（大阪十区・伊吹派。のち退会、日本維新の会）、松本洋平（東京十九区・伊吹派）、御法川信英（秋田三区・武部グループ）、山本朋広（比例近畿ブロック選出・京都二区で活動・伊吹派〈のち無派閥〉）、参議院では秋元司（比例代表、のち衆院東京十五区・伊吹派）、岡田直樹（石川県選挙区・森派）、荻原健司（比例代表・無派閥）、岸信夫（山口県選挙区・森派）、松村祥史（比例代表、のち熊本県選挙区・津島派）であり、藤尾が属した福田・安倍派を引き継ぐ森派と、村上や小林が所属した亀井派を受け継ぐ伊吹派の所属議員が中心となっている。会長となった岸信夫は安倍晋三総理大臣の実弟、事務局長となった秋元司は、学生時代から小林興起の秘書を長く務めた人物である[16]。

二〇一二年に誕生した第二次以降の安倍晋三政権下、二〇一六年の蔡英文総統選出によって自民党は再び台湾民進党政権に向き合うこととなったが、日台若手議連はこうした状況に円滑に対応する素地を提供した。日台若手議連会長の岸信夫は、二〇一八年からは日華懇幹事長を兼務している。このほか、政権喪失後も民主党で議員活動を続けながら、二〇一八年に国民民主党へは参加せず、自民党入党へと舵を切った者もいる。長島昭久や鷲尾英一郎がその代表である。日台若手議連への合流と同議連の強化が予想される。

おわりに

以上本章では、断交後の日台関係における各種の議員連盟とその性質について振り返ってきた。その所属議員の中には、なぜ、あるいはどれほど台湾に関心があったのか判然としない議員も少なくない。議員活動や政治活動ではなく、執行府（行政府）での実務や民間における経済・社会活動に携わっていた人物の中に、より質的に重要な日台関係史のキーパーソンが多く存在していたのではないか。そうした人物にこそもっと焦点を当てる必要があるのではないかとも思う。しかしながら、議会制度の下では、議員こそが、その時々に生じる新たな事態において、政策決定の前提となる人的・制度的な枠組みを構築し、言論空間を形成し、さらには日常業務に介入するのである。彼らを脇役とした政治史は存在し得ない。そして政治家たちの活動はこれからも続くであろう。

自民党系の議員連盟は、蔣介石政権の伴走者としての立場から、冷戦後の「雪解け」外交へのある種過剰な適応を経験するとともに、他方では民主化勢力に対しても交流の窓口を広げてきた。ただし先述した通り、現在の国民党をいかに認識するか、その中台交流積極派に対して日本側の誰がどのように対応していくべきかが課題であろう。

他方、民主党系勢力は、民主化勢力に親和的な姿勢を原点としつつも、国民党との交流の糸口も拡大しながら現在に至っている。そうしたなかで、自由・民主主義を擁護するにあたって防衛力強化政策にいかに重点的に取り組むことができるのか、また、対中国認識をめぐる党内対立激化をどう回避することができるのかは引き続き課題となる。

注

1　労働運動家・政治活動家である矢次一夫の主導で結成されたものである。参加者は自民党岸・福田派を中心にしつつも多岐にわたっていた。
2　もちろん、執行府入りした政府関係者による直接の非公式外交も重要となろう。しかし、それもまた中国側の反発によって容易でない側面がある。また、日台関係の進展に積極的でない日本側の政権も少なくなかった。
3　なお、彼はここで同時に、中国・台湾全土の統治権を主張する「中国」が二つ存在することを事実上認めている。これは、一九五〇年代であれば親台湾派議員として許されざる事であった。岸信介首相が国会で自民党議員に対し「直ちに二つの中国を認める云々というふうなことは、私は考えておらないのであります」と釈明したことがあるように（一九五八年十月十六日）、「二つの中国」の存在を認めることは、中華民国の立場を弱めることを意味した。国家としての中華人民共和国の存在を公認するとともに、大陸反攻を掲げる中華民国の立場を失わせることとなるからである。その後は、逆に、玉置の発言において、また現代でも見られるように、「二つの中国」の存在を前提とすることが台湾側の国家存立を擁護する文脈となることもある。
4　なお、一九八〇年代の田は台湾民主化運動が「東西対立、イデオロギー」の超克に結びつくことを期待しており、台湾民主化運動と中国共産党政権の台湾政策の緊張関係についてはまだそれほど認識されていない。
5　武見敬三によれば、藤尾が自民党政調会長を務めた一九八〇年代半ばが日華懇の影響力の頂点であり、その後は藤尾が一九八六年に歴史認識をめぐる発言から一九八六年に文相を更迭されるなどした結果下降していくという。

一九九三年度末に発表された武見論文は、政府間の非公式・直接の日台交渉の拡大を予想している。
6　なお、この時に菅の後任として党幹事長を務めていたのは中野寛成である。
7　一九九八年に亀井静香とともに三塚派（旧福田・安倍派）を離脱して合流。
8　比例代表東京ブロック単独で出馬し当選。民主党内では小沢一郎元代表に近い立場で活動し、二〇一二年総選挙まで在任した。
9　なお、前田と大西は羽田孜元首相系である。大西は前田の元秘書であり、選挙区地盤を引き継いでいる。
10　小沢グループには、中国との関係が深い議員も多いが、この親台湾派議員連盟の再編は、前年十二月の「小沢訪中団」と並行して準備されていたものである。
11　鈴木・中津川らは政治主導体制確立や対米自立の観点から小沢を、長島は対米関係重視の観点から菅を支援した。
12　二〇一七年総選挙に際し、日本維新の会の候補として、地盤とする東京十六区にて五年ぶりの立候補を予定していたが、希望の党と維新の会の候補者調整の結果、比例東京ブロック単独での出馬となり落選した。なお、日本維新の会では、市村浩一郎（二〇一二年には民主党にとどまり落選、二〇一七年に維新より出馬し落選）、石井章（二〇一二年に小沢一郎と共に民主党離党・日本未来の党より衆院選比例代表北関東ブロック出馬・落選、二〇一三年参院選に生活の党より茨城県選挙区にて出馬・落選、二〇一四年衆院選に維新の党より地元の茨城三区にて出馬・落選、二〇一六年参院選におおさか維新の会より比例代表にて出馬・当選、現在に至る）も活動している。
13　小林興起もまた、二〇一二年総選挙においては日本未来の党に合流し、地盤とする東京一〇区ではなく、鈴木の選挙区に隣接する愛知十三区から立候補したが、落選した。

14　二〇一九年の国民民主党による自由党の吸収合併後は小沢一郎元生活の党・自由党代表もまた同じ党に所属している。また、松木謙公（二〇一一年六月に野党提出の菅内閣不信任案に賛成表を投じて脱党、二〇一二年衆院選には新党大地より北海道一二区にて出馬・落選、二〇一三年参院選に同党より比例代表にて出馬・落選、二〇一四年衆院選に維新の党より出身地の北海道二区にて出馬・比例復活当選、二〇一六年に民進党参画、二〇一七年衆院選に希望の党より北海道二区にて出馬・落選）も同党支部長として活動している。石関貴史（二〇一二年衆院選直前に日本維新の会の創設に参画し引き続き群馬二区より出馬・比例復活当選、二〇一四年衆院選に維新の党より出馬・比例復活当選、二〇一六年に民進党参画、二〇一七年衆院選に希望の党より出馬・落選）も同様の立場にあると思われる。

15　なお、田名部の父は田名部匡省である。

16　二〇〇五年の郵政民営化法案の採決に際しては、衆議院の平沼・小林らや参議院の多数と共に反対するが、小泉総裁の下での衆院選における自民党の圧勝を経て再提出された同法案に対しては、賛成票を投じ自民党内で活動を続けた。他の「造反組」議員も、非公認出馬となった衆議院議員のうちでは平沼赳夫・野呂田芳成を除く無所属当選者が、党にとどまった参議院議員のうちでは亀井郁夫を除く全ての参議院議員が同様の対応を取った。

主要参考文献

浅野和生『台湾の歴史と日台関係』（早稲田出版、二〇一〇年）
新井雄「一九七〇年代『日華関係議員懇談会』背景分析」『現代桃花源學刊』第五期（二〇一五年）

新井雄「自民党『親台派』から見た『日台関係』」（浅野和生編『中華民国の台湾化と中国』（二〇一四年）、所収）
池井優「日華協力委員会―戦後日台関係の一考察―」『法学研究』第五三巻第二号（一九八〇年）
池井優「弔問外交の研究―蔣介石総統の死去と日本の対応―」『法学研究』第六一巻第五号（一九八八年）
梅澤昇平「民社党の対外関係の特徴」（伊藤郁男・黒沢博道編『民社党の光と影』〈富士社会教育センター、二〇〇八年〉所収）
奥健太郎・河野康子編『自民党政治の源流―事前審査制の史的検証―』（吉田書店、二〇一五年）
加地直紀「李登輝による中華民国の台湾化」（浅野和生編『中華民国の台湾化と中国』〈二〇一四年〉所収）
川島真・清水麗・松田康博・楊永明『日台関係史一九四五―二〇〇八』（東京大学出版会、二〇〇九年）
清水麗「日台航空路断絶の政治過程」『問題と研究』第二五巻第六号（一九九六年）
清水麗「蔣経国・李登輝時期の日台関係の変容」『問題と研究』第四一巻第三号（二〇一二年）
徐年生「戦後の日台関係における日華議員懇談会の役割に関する研究：一九七三―一九七五」『北大法学研究科ジュニア・リサーチ・ジャーナル』第一〇巻（二〇〇四年）
武見敬三「自由民主党と日中国交正常化―複合的政策決定における妥協の構造―」『法学研究』第五四巻第七号（一九八一年）
武見敬三「国交断絶期における日台交渉チャンネルの再編過程」（神谷不二編『北東アジアの均衡と動揺』〈慶應通信、一九八四年〉所収）

Keizo Takemi 'The Role of the Pro-ROC Group in the LDP since 1972'『東海大学政治経済学部紀要』第二五号（一九九三年号）
丹羽文生「日中航空協定締結の政策決定過程」『問題と研究』第三七巻第四号（二〇〇八年）
丹羽文生「民主党における親台派の動きと日台間の議員外交」『海外事情』第五八巻第六号（二〇一〇年）
渡辺耕治「財団法人『交流協会』と『亜東関係協会』設立の経緯」『法政論叢』第五一巻第一号（二〇一四年）
渡辺耕治「辜振甫と日台関係」（浅野和生編『日台関係を繋いだ台湾の人びと』〈展転社、二〇一七年〉所収）
渡辺耕治「辜振甫と戦後の日華関係」『法政論叢』第五五巻第一号（二〇一九年）
『台湾週報』
『日台共栄』
『産経新聞』
『読売新聞』
『毎日新聞』
『朝日新聞』
『東京新聞』
衆議院会議録
参議院会議録

日台関係研究会関連書籍

中村勝範編著『運命共同体としての日本と台湾』展転社、一九九七年、三八二頁、二〇〇〇円

中村勝範編著『運命共同体としての日米そして台湾』展転社、一九九八年、二九四頁、一八〇〇円

浅野和生著『君は台湾のたくましさを知っているか』廣済堂出版、二〇〇〇年、二三〇頁、一三九〇円

中村勝範、楊合義、浅野和生『日米同盟と台湾』、早稲田出版、二〇〇三年、二六二頁、一七〇〇円

中村勝範、涂照彦、浅野和生『アジア太平洋における台湾の位置』早稲田出版、二〇〇四年、二五四頁、一七〇〇円

中村勝範、黄昭堂、徳岡仁、浅野和生『続・運命共同体としての日本と台湾』早稲田出版、二〇〇五年、二三八頁、一七〇〇円

中村勝範、楊合義、浅野和生『東アジア新冷戦と台湾』早稲田出版、二〇〇六年、二二二頁、一六〇〇円

中村勝範、楊合義、浅野和生『激変するアジア政治地図と日台の絆』早稲田出版、二〇〇七年、二一三頁、一六〇〇円

中村勝範、呉春宜、楊合義、浅野和生『馬英九政権の台湾と東アジア』早稲田出版、二〇〇八年、二五四頁、一六〇〇円

浅野和生著『台湾の歴史と日台関係』早稲田出版、二〇一〇年、二二三頁、一六〇〇円
日台関係研究会編『辛亥革命100年と日本』早稲田出版、二〇一一年、二八七頁、一五〇〇円
浅野和生、加地直紀、松本一輝、山形勝義、渡邉耕治『日台関係と日中関係』展転社、二〇一二年、二一五頁、一六〇〇円
浅野和生、加地直紀、松本一輝、山形勝義、渡邉耕治『台湾民主化のかたち』展転社、二〇一三年、二一二頁、一六〇〇円
浅野和生、加地直紀、渡辺耕治、新井雄、松本一輝、山形勝義『日台関係研究会叢書1　中華民国の台湾化と中国』展転社、二〇一四年、二三二頁、一六〇〇円
浅野和生、松本一輝、加地直紀、山形勝義、渡邉耕治、『日台関係研究会叢書2　一八九五―一九四五　日本統治下の台湾』展転社、二〇一五年、二四八頁、一七〇〇円
浅野和生、渡邉耕治、加地直紀、松本一輝、山形勝義『日台関係研究会叢書3　民進党三十年と蔡英文政権』展転社、二〇一六年、二四八頁、一七〇〇円
浅野和生、渡邉耕治、山形勝義、松本一輝、加地直紀『日台関係研究会叢書4　日台関係を繋いだ台湾の人びと』展転社、二〇一七年、二五〇頁、一七〇〇円
浅野和生、松本一輝、加地直紀、山形一義『日台関係研究会叢書4　日台関係を繋いだ台湾の人びと2』展転社、二〇一八年、二四六頁、一七〇〇円

【執筆者略歴】

酒井正文（さかい　まさふみ）
昭和24年、静岡県生まれ。慶應義塾大学大学院法学研究科修士課程修了。中部女子短期大学助教授、杏林大学教授を経て、平成国際大学教授（現職）。平成16年～24年まで法学部長。日本政治学会、日本選挙学会、日本法政学会理事を歴任。
〔主要著作〕『主要国政治システム概論』（共著、慶應義塾大学出版会）『満州事変の衝撃』（共著、勁草書房）『大麻唯男』（共著、財団法人櫻田会）『帝大新人会研究』（共著、慶應義塾大学出版会）など。

松本一輝（まつもと　かずてる）
昭和54年、東京都生まれ。平成15年平成国際大学法学部卒、同17年平成国際大学大学院法学研究科修士課程修了、現在　日台関係研究会事務局。日本選挙学会、日本法政学会会員。
（主要著作）「戦後の日台関係と林金莖」（『日台関係を繋いだ台湾の人びと2』）、「許世楷駐日代表と日台関係の発展」（『日台関係を繋いだ台湾の人びと』）、「民進党の三十年と立法委員選挙」（『民進党三十年と蔡英文政権』）、「日本の台湾領有と憲法問題」（『一八九五―一九四五 日本統治下の台湾』）、「六大都市選挙に見る『中華民国の台湾化』」（『中華民国の台湾化と中国』）、「台湾の民主化と各種選挙の実施」（『台湾民主化のかたち』）、「中華民国の戦後史と台中、日台関係」（『日台関係と日中関係』）、「労働党ブレア政権の貴族院改革」（『平成法政研究』　第14巻第1号）、「オリンピック開催地決定の経過と政治の役割」（『平成法政研究』　第12巻第1号）。

山形勝義（やまがた　かつよし）
昭和55年、茨城県生まれ。平成15年国士舘大学政経学部卒業、同17年平成国際大学大学院法学研究科修士課程修了、同23年東洋大学大学院法学研究科博士課程単位取得満期退学。現在、東洋大学アジア文化研究所客員研究員。日本政治学会、日本法政学会、日本選挙学会、日本地方自治研究学会、日本地方自治学会会員。
（主要著作）「国連職員から駐日代表へ―羅福全の半生と日台関係」（『日台関係を繋いだ台湾の人びと2』）、「台湾経済の世界化を担った江丙坤」（『日台関係を繋いだ台湾の人びと』）、「陳水扁政権期の「公民投票」の実現―民主化の一里塚としての国民投票―」（『民進党三十年と蔡英文政権』）、「日本統治下の台湾における地方行政制度の変遷」（『一八九五―一九四五 日本統治下の台湾』）、「中華民国の地方自治と中央政府直轄市」（『台湾民主化のかたち』）、「中華民国における五権憲法の実態―中国から台湾へ・監察院の制度と組織―」（『日台関係と日中関係』）「アジア諸国における権威主義体制の崩壊と情報公開システムの形成―韓国・タイ・台湾を事例に―」（『法政論叢』）、ほか。

吉田龍太郎（よしだ　りゅうたろう）
昭和60年、埼玉県生まれ。慶應義塾大学大学院法学研究科後期博士課程単位取得退学。現在、亜細亜大学非常勤講師、慶應義塾大学SFC研究所上席所員。日本政治学会、日本選挙学会、日本法政学会会員。
（主要著作）『井出一太郎回顧録』（共編著、吉田書店）、「保守合同後の政党政治と外交政策論争」（『法政論叢』第51巻第1号）、「芦田均の共産主義認識」（『法政論叢』第53巻第1号）、「芦田均の冷戦認識と政党活動」（『海外事情』第67巻第3号）など。

浅野和生（あさの　かずお）

昭和34年、東京都生まれ。昭和57年慶應義塾大学経済学部卒業、同63年慶應義塾大学大学院法学研究科博士課程修了、法学博士。昭和61年中部女子短期大学専任講師、平成2年関東学園法学部専任講師、後、助教授、同8年平成国際大学法学部助教授を経て、同15年より教授。日本選挙学会理事、日本法政学会理事、日本地方政治学会理事。

【著書】

『大正デモクラシーと陸軍』（慶應義塾大学出版会）『君は台湾のたくましさを知っているか』（廣済堂出版）『台湾の歴史と日台関係』（早稲田出版）『親台論』（ごま書房新社）

【共著書】

『日台関係を繋いだ台湾の人びと2』『日台関係を繋いだ台湾の人びと』『民進党三十年と蔡英文政権』『一八九五―一九四五 日本統治下の台湾』『中華民国の台湾化と中国』『台湾民主化のかたち』『日台関係と日中関係』『運命共同体としての日本と台湾』（以上、展転社）『日米同盟と台湾』『アジア太平洋における台湾の位置』『続・運命共同体としての日本と台湾』『東アジア新冷戦と台湾』『激変するアジア政治地図と日台の絆』『馬英九政権の台湾と東アジア』（以上、早稲田出版）

日台関係研究会叢書6

台湾の民主化と政権交代

蒋介石から蔡英文まで

令和元年十二月十四日　第一刷発行

編　者　浅野　和生

発行人　荒岩　宏奨

発　行　展　転　社

〒101-0051 東京都千代田区神田神保町2-46-402

TEL　〇三（五三一四）九四七〇

FAX　〇三（五三一四）九四八〇

振替〇〇一四〇―六―七九九九二

印刷製本　中央精版印刷

乱丁・落丁本は送料小社負担にてお取り替え致します。

定価［本体＋税］はカバーに表示してあります。

ISBN978-4-88656-493-1